高等职业教育"十四五"系列教材
高等职业教育土建类专业"互联网+"数字化创新教材

建设工程资料管理

董春霞　主　编
赵秀云　副主编
范玉恕　主　审

中国建筑工业出版社

图书在版编目（CIP）数据

建设工程资料管理 / 董春霞主编；赵秀云副主编
. — 北京：中国建筑工业出版社，2023.7（2024.12重印）
高等职业教育"十四五"系列教材　高等职业教育土建类专业"互联网＋"数字化创新教材
ISBN 978-7-112-28759-8

Ⅰ.①建… Ⅱ.①董…②赵… Ⅲ.①建筑工程-技术档案-档案管理-高等职业教育-教材 Ⅳ.①G275.3

中国国家版本馆 CIP 数据核字（2023）第 091624 号

本教材依据《建筑工程施工质量验收统一标准》GB 50300—2013、《建筑工程资料管理规程》JGJ/T 185—2009、《建设工程文件归档规范（2019年版）》GB/T 50328—2014、《建设电子文件与电子档案管理规范》CJJ/T 117—2017、《建筑与市政工程施工质量控制通用规范》GB 55032—2022、《天津市建筑工程施工质量验收资料管理规程》DB/T 29—209—2020 等编写，共包括七个教学单元，内容包括建设工程资料概述、建设资料、施工资料、监理资料、建设工程资料归档与移交、市政工程施工资料、工程资料管理软件应用以及实训任务组成。本教材可作为高等职业教育土建施工类、工程管理类专业课教材使用，也可作为中等职业教育、资料员岗位培训等使用。

为方便教学，作者自制课件资源，索取方式为：1. 邮箱：jckj@cabp.com.cn；2. 电话：(010) 58337285；3. 建工书院：http://edu.cabplink.com。

责任编辑：王予芊
责任校对：张惠雯

高等职业教育"十四五"系列教材
高等职业教育土建类专业"互联网＋"数字化创新教材
建设工程资料管理
董春霞　主　编
赵秀云　副主编
范玉恕　主　审

*

中国建筑工业出版社出版、发行（北京海淀三里河路9号）
各地新华书店、建筑书店经销
北京鸿文瀚海文化传媒有限公司制版
廊坊市海涛印刷有限公司印刷

*

开本：787毫米×1092毫米　1/16　印张：15¼　字数：373千字
2023年6月第一版　2024年12月第二次印刷
定价：**45.00元**（赠教师课件）
ISBN 978-7-112-28759-8
（41053）

版权所有　翻印必究
如有内容及印装质量问题，请联系本社读者服务中心退换
电话：(010) 58337283　　QQ：2885381756
（地址：北京海淀三里河路9号中国建筑工业出版社604室　邮政编码：100037）

前　言

"建设工程资料管理"是建筑工程技术、工程造价、建设工程管理、建设工程监理等专业中一门应用性较强的课程。根据土建类专业人才培养目标，以职业岗位能力培养和职业素养养成为导向，统筹考虑前续课程的衔接，以真实的工程资料为载体，以专业知识和职业技能、自主学习能力及综合素质培养为课程目标，课程旨在培养学生在实际工程中正确编写资料，进行资料分类、管理、组卷、归档移交，解决实际问题的职业能力。

本教材是以《建筑工程施工质量验收统一标准》GB 50300—2013、《建筑工程资料管理规程》JGJ/T 185—2009、《建设工程文件归档规范（2019年版）》GB/T 50328—2014、《建设电子文件与电子档案管理规范》CJJ/T 117—2017、《建筑与市政工程施工质量控制通用规范》GB 55032—2022等相关规范为基础，结合《天津市建筑工程施工质量验收资料管理规程》DB/T 29—209—2020等为依据进行编写。教材在编写时结合国家对高等职业教育培养目标的定位，吸取行业专家意见，综合优秀教师的教学经验及国内外一些先进的教学理念，突出如下特点：

（1）以实际工程施工图为载体（×××办公楼建筑施工图纸），以项目资料管理各阶段内容为主线，按不同角色阶段以及专业划分教学单元，每一个教学单元根据知识需要配置数字资源。

（2）体现"理论够用、实践为重"的原则，根据专业理论需要，设置教材知识点，融"教、学、做"为一体。

（3）实训部分采用活页形式，方便教师随时评分，收取实训成果。

（4）建设资料、监理资料、施工资料采取项目形式，设置任务情境，引导训练，学生通过完成真实工程的综合实训任务，在实操中习得重要知识点。教学过程中，教师演示案例后，可以将任务逐一布置给学生，引导学生解决新任务，学生可独立或小组讨论的方式来完成识读任务，教师检查并讲评、指导学生梳理知识点，最后形成每章笔记，进一步巩固知识点，促进学生提高识读技能。

本教材由天津城市建设管理职业技术学院董春霞担任主编并统稿，天津城市建设管理职业技术学院赵秀云担任副主编，具体编写分工：董春霞编写教学单元1、5和教学单元7；赵秀云编写教学单元2和教学单元6；黄琼编写教学单元3；张瑾编写教学单元4。

本教材由原天津三建建筑工程有限公司项目经理、副总工程师、全国劳动模范、"五一"劳动奖章获得者范玉恕担任主审，在此对范工的大力支持表示由衷感谢。

同时本教材作为数字化创新教材，引入"云学习"在线教育创新理念增加了与课程知识点相关的数字资源，将传统教育对接到网络，学生通过手机扫描文中的二维码，可以在线浏览相关工程资料编写实际案例，自主反复学习，帮助理解知识点、学习更有效。同时，教材中工程资料管理软件由北京筑业志远软件开发有限公司开发，在此对北京筑业志远软件开发有限公司袁白云、赵伟、郭利民给予的技术支持表示衷心的感谢！

由于编者的学识和经验有限，教材中难免存有纰漏和不妥之处，恳请广大读者批评、指正。

目 录

教学单元 1	建设工程资料概述	001
1.1	工程项目建设程序及各阶段的工作内容	002
1.2	建设工程资料的意义与作用	005
1.3	建设工程资料的分类与归档	007
1.4	工程资料编号	008
1.5	建设工程资料管理职责	010
思考与练习		012

教学单元 2	建设资料	013
2.1	决策立项阶段文件	014
2.2	建设用地、征地、拆迁文件	020
2.3	勘察、测绘、设计文件	025
2.4	招标投标文件与合同	032
2.5	开工审批文件	041
2.6	工程质量监督手续	046
2.7	财务文件	049
2.8	工程竣工验收文件	050
思考与练习		059

教学单元 3	施工资料	063
3.1	工程施工技术管理资料	064
3.2	建筑与结构工程质量控制资料	071
3.3	工程施工质量验收资料	074
3.4	建筑与结构工程安全和功能检验资料	081
思考与练习		083

教学单元 4	监理资料	084
4.1	监理管理资料	085
4.2	进度控制资料	099
4.3	质量控制资料	102
4.4	造价控制资料	110
4.5	分包资质资料	112

4.6	合同管理资料	113
思考与练习		116

教学单元 5　建设工程资料归档与移交　118

5.1	基本规定	119
5.2	归档文件范围及其质量要求	120
5.3	工程文件立卷	122
5.4	工程文件归档	129
5.5	工程档案验收与移交	130
思考与练习		130

教学单元 6　市政工程施工资料　133

6.1	一般规定	134
6.2	管理资料	135
6.3	工程材料、构配件检验检测及设备检验	137
6.4	施工测量	138
6.5	施工记录	138
6.6	施工试验	139
6.7	质量检验评定	139
6.8	竣工图	139
思考与练习		140

教学单元 7　工程资料管理软件应用　141

7.1	主界面及各功能模块	142
7.2	新建工程	144
7.3	资料编辑	146
7.4	电子组卷	167
7.5	打印表格	169
思考与练习		171

实训任务　173

参考文献　233

教学单元 1
建设工程资料概述

Chapter 01

教学目标

1. 知识目标

(1) 熟悉建设工程资料管理相关理论知识；
(2) 掌握建设工程资料管理相关工作流程；
(3) 掌握建设工程资料的归档整理。

2. 能力目标

(1) 能够对资料进行立卷归档；
(2) 能够进行备案工作。

3. 素质目标

(1) 具有从事建设工程资料管理从业人员应具有的职业道德；
(2) 具有从企业和社会的角度考虑问题的基本意识；
(3) 培养严谨、求真、务实的工作态度。

思维导图

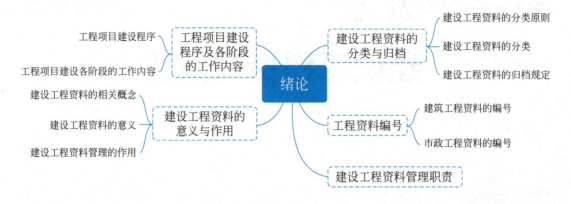

知识链接

刘中华，2022年全国五一劳动奖章获得者，从一名资料员一步步成长为中建五局优秀项目经理、劳动模范，在资料员的岗位上，他认真细致、精益求精。在项目经理的岗位上，他攻坚克难，钻研创新，获得51项技术成果。他始终坚持干一项工程，立一座丰碑。

1.1 工程项目建设程序及各阶段的工作内容

1.1.1 工程项目建设程序

工程项目建设程序，是指一个工程项目从策划、选择、评估、决策、设计、施工到竣工验收、投入生产或交付使用的整个建设过程中，是各项工作必须遵循的先后次序。这是对工程建设过程客观规律的反映，是工程项目完成科学决策和顺利进行的重要保证。世界上不同国家和国际组织在工程项目建设程序上可能存在某些差异，但是按照项目发展的内在规律，投资建设任何一个工程项目都要经过投资决策和建设实施两个时期。这两个时期又可分为若干阶段，它们之间存在严格的先后次序，可以进行合理的交叉，但不能任意颠倒。按照我国现行规定，一般大中型及限额以上工程项目建设程序，可以分为以下阶段。

（1）根据国民经济和社会发展长远规划，结合行业和地区发展规划的要求，提出项目建议书。

（2）在勘察、试验、调查研究及详细技术经济论证的基础上编制可行性研究报告。

（3）根据咨询评估情况，对工程项目进行决策。

（4）根据可行性研究报告，编制设计文件。

(5) 初步设计经批准后，做好施工前的各项准备工作。
(6) 组织施工，并根据施工进度做好生产准备工作。
(7) 项目按批准的设计内容完成，经验收合格后正式投入生产或交付使用。
(8) 生产运营一段时间（一般为1年）后，进行项目评价。

1.1.2 工程项目建设各阶段的工作内容

1. 编制项目建议书阶段

编制项目建议书是在项目周期的最初阶段，对拟建项目提出的初步设想，即经过调查、预测、分析后向国家有关部门提出建设某一项目的建议性文件。它是通过论述拟建项目的建设必要性、可行性，以及获利、获益的可能性，向国家推荐建设项目，供国家有关部门选择并确定是否进行下一步可行性研究阶段的工作。项目建议书经批准之后，项目即可列入项目建设前期工作计划。然后进行下一步可行性研究工作。

项目建议书的审批程序

按照我国的现行规定，项目建议书应根据其拟建项目的规模大小，来决定报送哪一级主管部门进行审批。对于大中型及限额以上的建设项目，其项目建议书应先报该行业归口的主管部门，同时抄送国家发展和改革委员会，并要求委托具有相应资质的工程咨询单位做出评估后才能审批；对于重大建设项目的项目建议书，应由国家发展和改革委员会报国务院审批；对于小型和限额以下的建设项目，其项目建议书按建设项目的隶属关系由部门或地方发展和改革委员会审批。

2. 可行性研究阶段

可行性研究，是指项目建议书被批准后，通过对项目的主要内容和配套条件（如市场需求、资源供应、建设规模、工艺路线、设备选型、环境影响、资金筹措、盈利能力等）从技术、经济、工程等方面进行调查研究和分析比较，并对项目建成后可能取得的经济效益、社会效益、环境效益进行预测和综合评价，从而确定该项目是否值得投资并提出如何进行建设的意见。它是为项目决策提供依据的一种综合性、系统的分析方法，同时也可为项目的实验、设计、贷款或融资、申请开工建设、实施、竣工验收、投产、移交等工作提供依据。

项目的可行性研究工作是由浅到深、由粗到细、前后衔接、反复优化的过程，前阶段的研究可为后阶段更精确的研究提出问题、创造条件，可行性研究需要对所有的商务风险、技术风险和利润风险进行准确落实，如果经研究发现某个方面有缺陷，就应通过敏感性参数的揭示，找出主要风险原因，以提高项目的可行性。如果所有方案经过反复优化，发现项目仍是不可行的，则应在研究文件中说明理由。但应指出，研究结果即使不可行，这项研究仍然是有价值的，因为这有效避免了资金的浪费。

可行性研究报告按隶属关系，由国务院主管部门或省、自治区、直辖市发展和改革委员会审批，审批程序与项目建议书的审批程序基本相同。获批后的可行性研究报告是项目的最终决策文件，一经审查通过，拟建的项目便正式获准立项。虽然国家同意该项目进行建设，并将其列入预备项目计划，但列入预备项目计划并不等于列入年度计划，何时列入年度计划，还要根据其前期工作的进展情况、国家宏观经济政策和对财力、物力等因素进行综合平衡后决定。

3. 设计文件编制阶段

在建设项目获准立项之后，施工之前，要进行工程项目的设计工作，设计单位的确定一般是通过招标投标的过程选择出来的。设计文件的编制，应根据工程性质执行有关国家以及行业标准的规定。在我国民用建筑工程设计一般应分为方案设计、初步设计和施工图设计三个阶段，对于技术要求简单的民用建筑工程，经有关主管部门同意，并且在合同中约定不做初步设计的，可在方案设计审批后直接进行施工图设计。

根据我国《建设工程质量管理条例》的规定，建设单位应将施工图设计文件报当地建设行政主管部门或其他有关部门进行审查，批准后方可进行施工，未经审查批准的施工图设计文件不得使用；施工图设计文件一经审查批准，不得擅自进行修改。施工图设计是在初步设计基础上进行的设计工作，是工程建设项目的具体化阶段，是组织施工的重要依据。施工图设计必须认真结合工程的实际情况，对拟建工程的建筑物外形、结构体系、建筑系统、内部空间的分割情况以及和周围环境的协调等进行全面、系统、准确的绘制，从而使工程能够顺利施工。

4. 建设准备阶段

建设工程在施工图设计审批之后，工程开工建设前，应做好各项准备工作。

建设准备阶段工作的主要内容：组建项目法人，征地、拆迁，"三通一平"乃至"七通一平"；组织材料，订购设备；办理建设工程质量监督手续；委托工程监理；准备必要的施工图纸；组织施工招标投标，择优选定施工单位；办理建设工程施工许可证等。按规定做好以上施工准备，具备开工条件后，建设单位方可申请开工，进入施工安装阶段。

5. 施工安装阶段

建设工程具备了开工条件并取得建设工程施工许可证后，方可开工。

施工安装阶段工作的主要内容：按照设计进行施工安装，建成工程实体。这是使工程设计意图最终实现并形成工程实体的阶段，也是最终形成工程产品质量和工程项目使用价值的重要阶段。为此，工程建设各相关单位应认真做好进度、造价、质量和安全等方面的控制工作。

6. 生产准备阶段

对于生产性建设项目，在其竣工投产前，建设单位应适时地组织专门班子或机构，有计划地做好生产准备工作及计划、组织、指挥、协调、控制等相关工作，这是由建设阶段转入生产和经营阶段的重要衔接环节。

生产准备阶段工作的主要内容：组建管理机构，制定有关制度和规定；招聘并培训生产管理人员及营销人员；组织有关人员进行设备安装、调试以及工程验收；签订供货及运输协议，进行工具、器具、备品、备件等的采购等相关工作。

7. 竣工验收阶段

在具备竣工验收条件之后，建设单位即可组织勘察、设计、施工、监理等有关单位进行竣工验收。一个工程建设项目的竣工验收是全面考核其建设成果、检验其设计和施工质量的重要步骤，是由投资成果转入生产或使用的重要标志和里程碑。无论是何种工程建设项目，都必须在其竣工验收合格后，才可交付使用。竣工验收之后，按照《建设工程质量管理条例》的规定，工程进入保修阶段。

竣工验收阶段工作的主要内容：检查项目建设标准；评定质量；检查试车调试情况和生产准备情况；编写竣工验收报告。

8. 投产使用阶段

在工程竣工验收合格之后，工程便可移交给使用单位进行投产运行管理。工程建设项目由此进入投产使用阶段。

在项目的管理过程中，项目经理（管理）部需要收集、整理、传递各类信息，并及时、准确地向项目管理的各级领导汇报，以便在项目进展的全过程中迅速准确地进行各项决策。建设工程的一切活动虽然属于国民经济的特定领域（与生产领域和流通领域相对而言），却与国民经济的各个部门息息相关，影响社会生产和人民生活的水平。一切建设项目的投资方向、工程规模、区域布置等重大问题，必须符合各个时期的经济建设方针，服从国家长远规划。国家和地区的各级主管部门对于建设项目的立项、决策、资金筹集、物资分配及涉外事宜等重要方面要实行有效的宏观控制，根据权限划分为国家、部门和地区三级管理。这些管理的内容构成了工程项目建设的程序。

1.2 建设工程资料的意义与作用

1.2.1 建设工程资料的相关概念

1. 建设工程的概念

建设工程，是指经批准按照一个总体设计进行施工，经济上实行统一核算，行政上具有独立组织形式，实行统一管理的建设工程基本单位。它由一个或若干个具有内在联系的单位工程所组成。

2. 建设工程文件的概念

建设工程文件，是指在工程建设过程中形成的各种形式的信息记录，包括工程准备阶段文件、监理文件、施工文件、竣工图和竣工验收文件，也可简称工程文件。

3. 建设工程档案的概念

建设工程档案，是指在工程建设活动中直接形成的具有归档保存价值的文字、图表、声像等各种形式的历史记录，也可简称工程档案。

4. 建设工程文件档案资料

建设工程文件档案资料，是指由建设工程文件和建设工程档案组成的资料。

5. 建设工程文件档案资料的载体

（1）纸质载体：以纸张为基础的载体形式。

（2）缩微品载体：以胶片为基础，利用缩微技术对建设工程文件档案资料进行保存的载体形式。

（3）光盘载体：以光盘为基础，利用计算机技术对建设工程文件档案资料进行存储的形式。

（4）磁性载体：以磁性记录材料（磁带、磁盘等）为基础，对建设工程文件档案资料的电子文件、声音、图像进行存储的方式。

6. 建设工程文件归档范围

（1）与工程建设有关的重要活动，记载工程建设主要过程和现状，具有保存价值的各种载体的文件，均应收集齐全，整理立卷后归档。

（2）工程文件的具体归档范围，按照现行《建设工程文件归档规范（2019年版）》GB/T 50328—2014 中附录 A "建设工程文件归档范围" 共分五大类执行。

1.2.2 建设工程资料的意义

收集和整理好建设工程资料是建设工程施工中的一项重要工作，是工程质量管理的组成部分。每个建设工程竣工验收前都必须具备两个条件：一是工程达到验收条件，二是施工过程中的质量技术资料达到验收条件，两者缺一不可。

一个工程竣工后是看得见摸得着的有形物体，验收时只能在外观上加以评价，但内在的施工质量及质量管理实施情况，只能通过验收整个施工过程的有关质量技术资料（看其是否清楚、齐全，是否符合有关规范、规程的要求）来检验。同时这些资料又是将来对该工程检查、维修、管理、使用、改建的最原始依据。一份排列有序、内容齐全、清楚明了的单位工程施工质量技术资料，必须在施工中根据工程实际物体，按照有关规范、规程去检测、评定，做到物体实际质量等级与资料内所记载的质量数据相符，这是物体质量的真实反映。任何一个工程的质量技术资料如不符合有关标准规定，对该工程质量将具有否决效力。所以，做好工程的质量技术资料管理工作非常重要。

1.2.3 建设工程资料管理的作用

建设工程资料管理是保证工程质量与安全的重要环节，是建设工程施工管理程序化、规范化和制度化的具体体现。做好建设工程资料管理工作，主要有以下作用：

（1）确保工程项目竣工验收顺利完成。在我国，国家立法和验收标准均对建设工程资料提出了明确要求。《中华人民共和国建筑法》《建设工程质量管理条例》等法律、法规与《建筑工程施工质量验收统一标准》GB 50300—2013 等规范均把建设工程资料放在重要位置。工程项目竣工验收包括两个对象：一是指"硬件"，即建筑物本身；二是指"软件"，即能够反映建设物自身及形成过程并按照规范要求积累完成的完整、真实、具体的建设工程资料（包括竣工图及有关录像资料）。在工程项目进行竣工验收时，不但要控制工程实体质量，还必须对工程的质量技术资料进行验收。未经档案验收或者验收不合格的项目，不得进行项目竣工验收。

（2）保证工程项目规范化建设。工程项目的建设、维修与保养以及日后对建筑物的改建、扩建、拆建等工作，都离不开施工图及其相关的施工技术资料，这些建设工程资料可以为工程的检查、管理、使用、维护、改造、扩建等提供可靠依据。一个质量优良或合格的建设工程，必须具有一份内容齐全、文字记载真实、可靠的原始技术资料，如果少了这些资料，可能会给以后的工作带来极大的经济损失，甚至会造成事故危害。因此，参与工程建设的勘察、设计、监理和施工等单位一定要注重建设工程资料的管理，确保工程项目规范化建设。

（3）维护企业自身利益和社会声誉。施工技术资料反映了工程项目的形成过程，是现场施工组织生产活动的真实记录，直接或间接地记录了施工过程所使用材料的品种、数量和质量，采用的技术方案和技术措施，劳动力的安排和使用，工程量的更改和变动，质量的评定等级等情况。施工技术资料是发包方与承包方进行合同结算的重要依据，也是企业维护自身利益的依据。同时，施工技术资料作为接受业主和社会有关各方验收的"软件"，其质量就如同工程实体质量一样，反映了施工队伍的素质和技术水平，是企业维护社会声誉的一种十分重要的方式。

（4）开发利用企业资源。企业档案是企业的重要资源，其中施工技术资料是企业档案的一大来源，是形成企业资源的一个组成部分。开发利用档案资料的途径主要有两种：一种是直接利用档案资料，包括借阅、摘录、复制等；另一种是对档案资料进行加工利用，如进行汇编、索引、专题研究等。建设工程资料必须真实、可靠，同时要规范管理，以适应现代建设活动。

1.3 建设工程资料的分类与归档

1.3.1 建设工程资料的分类原则

（1）建设工程资料应按照收集、整理单位及文件资料的来源、类别、形成的先后顺序的不同进行分类。

（2）施工资料分类应根据类别和专业系统划分。

（3）施工过程中建设工程资料的分类、整理和保存除执行《建设工程文件归档规范（2019年版）》GB/T 50328—2014外，尚应执行相应的国家及行业现行法律、法规、规范、标准及地方有关规定。

1.3.2 建设工程资料的分类

工程建设一般将建设工程资料分为以下4类。

（1）建设资料，包括工程可行性研究、立项、审批、征地、拆迁、勘察、设计、招标投标、开工审批、概预算及工程竣工验收等阶段的项目建设文件与资料，由建设单位整理提供。

（2）监理资料，包括监理规划，进度控制，质量控制，投资控制，监理通知，工程总结，合同，勘察、设计、施工等实施过程的监理资料，由监理单位整理提供。

（3）施工资料，包括工程质量验收、工程质量控制、工程安全与功能检查、观感质量检查等资料，由施工单位整理提供。

(4)竣工图,由编制单位整理提供。

1.3.3 建设工程资料的归档规定

(1)工程参建各方宜按《建筑工程资料管理规程》JGJ/T 185—2009 附录 A 和附录 B 的要求立卷归档。

(2)归档保存的建筑工程资料,其保存期限应符合下列规定:

1)建筑工程资料的归档保存期限应符合国家现行有关标准的规定;当无规定时,不宜少于 5 年。

2)建设单位建筑工程资料的归档保存期限应满足工程维护、修缮、改造、加固的需要。

3)施工单位建筑工程资料的归档保存期限应满足工程质量保修及质量追溯的需要。

1.4 工程资料编号

1.4.1 建筑工程资料的编号

1. 建筑工程标准的代号和编号

(1)强制性国家标准的代号为"GB",然后加上顺序号和年号,即 GB ×××××—××××(标准代号)(标准顺序号)(标准发布年号)。

例:GB 50300—2013 为《建筑工程施工质量验收统一标准》的标准编号。

(2)推荐性国家标准的代号为"GB/T",其他与强制性标准相同。

例:GB/T 50323—2001 为《城市建设档案著录规范》的标准编号。

(3)强制性行业标准:行业不同则代号不同。

1)城镇建设工程行业标准:CJJ ××—××××。

2)建筑工程行业标准:JGJ ××—××××。

例:JGJ 25—2010 为《档案馆建筑设计规范》的标准编号。

(4)推荐性行业标准:行业标准代号后加"/T"。

1)城镇建设工程行业标准:CJJ/T ××—××××。

例:CJJ/T 117—2017 为《建设电子文件与电子档案管理规范》的标准编号。

2)建筑工程行业标准:JGJ/T ××—××××。

3)档案行业标准:DA/T ××—××××。例:DA/T 1—2000 为《档案工作基本术语》的标准编号。

(5)强制性地方标准:DB ××/×××—××××。

例:DB 31/199—2018 为《上海市污水综合排放标准》的标准编号。

(6)推荐性地方标准:DB××/T ××—××××。例:DB11/T 281—2015 为《屋

顶绿化规范》的标准编号。

2. 工程类别编号

我国对全部四大类建筑工程资料的编号规则如下：首先用大写的英文字母 A、B、C、D 分别表示建设单位的文件资料、监理单位的文件资料、施工单位的文件资料和竣工图类文件资料，即分别编为 A 类、B 类、C 类、D 类；其次对这四类资料中所含的小类资料，分别按照在 A、B、C、D 类别中加 1、2、3……顺序号来表示。如 A 类资料中所含的小类资料为 A1、A2、A3、A4、A5、A6、A7……B 类资料中所含的小类资料为 B1、B2、B3、B4……

3. 建筑工程资料的编号规定

工程准备阶段文件、工程竣工文件宜按《建筑工程资料管理规程》JGJ/T 185—2009 附录 A 表 A.2.1 中所规定的类别和形成时间顺序来编号。

监理资料宜按《建筑工程资料管理规程》JGJ/T 185—2009 附录 A 表 A.2.1 中所规定的类别和形成时间顺序来编号。

施工资料编号规则：施工资料编号可由分部、子分部、分类、顺序号四组代号组成，组与组之间应用横线隔开，如图 1-1 所示。

$$××-××-××-×××$$
$$①\quad ②\quad ③\quad ④$$

图 1-1　建筑施工资料编号规则

图 1-1 中各部分的具体含义如下：

① 为分部工程代号，可按《建筑工程资料管理规程》JGJ/T 185—2009 附录 A 表 A.3.1 的规定执行。

② 为子分部工程代号，可按《建筑工程资料管理规程》JGJ/T 185—2009 附录 A 表 A.3.1 的规定执行。

③ 为资料的类别编号，可按《建筑工程资料管理规程》JGJ/T 185—2009 附录 A 表 A.2.1 的规定执行。

④ 为顺序号，可根据相同表格、相同检查项目，按形成时间顺序填写。

工程资料的编号应及时填写，专用表格的编号应填写在表格右上角的编号栏中，非专用表格应在资料右上角的适当位置注明资料编号。

在四大类建筑工程资料中最复杂的是施工资料，施工资料编号应填入表格右上角的编号栏中。分部（子分部）工程代号应遵循《建筑工程施工质量验收统一标准》GB 50300—2013 的划分原则。

1.4.2　市政工程资料的编号

1. 工程资料分类应符合下列规定

（1）工程资料按组卷单位应分为建设资料、监理资料和施工资料三类。

（2）建设、监理资料应按《天津市市政基础设施工程资料管理规程》DB/T 29—265—2019 附录 A 中规定的类别序号进行分类。

（3）施工资料应根据类型和专业划分，具体内容应符合《天津市市政基础设施工程资料管理规程》DB/T 29—265—2019 附录 A 的规定。

（4）工程资料的分类、整理除应执行《天津市市政基础设施工程资料管理规程》DB/T 29—265—2019 外，尚应符合国家、行业和天津市的法规、规范和标准。

2. 工程资料编号应符合下列规定

（1）建设资料应以《天津市市政基础设施工程资料管理规程》DB/T 29—265—2019 附录 A 规定的序号为基础，按照形成时间顺序编号。

（2）监理资料应以《天津市市政基础设施工程资料管理规程》DB/T 29—265—2019 附录 A 规定的序号为基础，按照形成时间顺序编号。监理独立平行抽检资料编号应与施工检验批资料编号一致。

××—××—××—×××
① ② ③ ④

图 1-2 市政施工资料编号规则

（3）除分部、分项、检验批质量检验记录外的施工资料应符合《天津市市政基础设施工程资料管理规程》DB/T 29—265—2019 附录 A 的规定，并应按图 1-2 所示形式编号。

①为分部工程代号（2 位），按《天津市市政基础设施工程资料管理规程》DB/T 29—265—2019 附录 B 的规定填写。

②为子分部工程代号（2 位），按《天津市市政基础设施工程资料管理规程》DB/T 29—265—2019 附录 B 的规定填写。

③为资料的类别编号（2 位），按《天津市市政基础设施工程资料管理规程》DB/T 29—265—2019 附录 A 的规定填写。

④为顺序号（3 位），按资料形成时间顺序编号。

（4）施工资料中检验批质量检验记录编号应由分部、子分部、分项、检验批顺序号 4 组代号组成；分项工程质量检验记录编号应由分部、子分部、分项 3 组代号组成；子分部工程质量检验记录编号应由分部、子分部 2 组代号组成（没有子分部用 00 表示）；分部工程质量检验记录编号应由分部 1 组代号组成。

检验批检验记录编号形式如图 1-3 所示。

注：①为分部工程代号（2 位），按《天津市市政基础设施工程资料管理规程》DB/T 29—265—2019 附录 B 的规定填写。

□□ □□ □□ □□□
① ② ③ ④

图 1-3 编号形式

②为子分部工程代号（2 位），按《天津市市政基础设施工程资料管理规程》DB/T 29—265—2019 附录 B 的规定填写。

③为分项工程代号（2 位），按《天津市市政基础设施工程资料管理规程》DB/T 29—265—2019 附录 B 的规定填写。

④为检验批顺序号（3 位），根据相同表格、相同检查项目，按资料形成时间顺序编号。

（5）单位、分部、分项工程部位划分及代号应按照《天津市市政基础设施工程资料管理规程》DB/T 29—265—2019 附录 B 的规定执行。

1.5 建设工程资料管理职责

建设工程资料应实行分级管理，由建设、监理、施工等单位项目负责人负责全过程的管理工作，包括建设工程资料与档案的收集、积累、整理、立卷、验收与移交。工程参建各方所提供的文件和资料，必须符合国家和地方的法律法规及工程合同的相关要求与规定。对工程文件、资料进行涂改、伪造、随意抽撤、损毁、丢失的，应按有关规定给予处罚，情节严重的，还应依法追究法律责任。工程建设过程中资料的收集、整理和审核工作应由专职人员负责，并按规定取得相应的岗位资格。

1. 建设单位的职责

（1）建设单位在工程招标及与勘察、设计、施工、监理等单位签订合同、协议时，应对移交工程文件的套数、费用、质量、时间等提出明确要求。

（2）建设单位负责收集和整理工程准备阶段、竣工验收阶段形成的文件，并应进行立卷归档。

（3）建设单位负责组织、监督和检查勘察、设计、施工、监理等单位的工程文件的形成，积累和立卷归档工作。

（4）建设单位负责收集和汇总各工程建设阶段各单位立卷归档的工程档案。

（5）建设单位责组织施工图的绘制工作，也可将其委托给施工单位、监理单位或设计单位，并按相关文件规定承担费用。

（6）在组织工程竣工验收前，建设单位应提请城建档案管理机构对工程档案进行预验收。未取得工程档案验收许可文件的，不得组织工程竣工验收。

（7）对列入城建档案馆接收范围的工程，建设单位应在工程竣工验收后的 3 个月内向城建档案馆移交一套符合规定的工程档案。

2. 勘察、设计单位的职责

（1）勘察、设计单位应按合同和规范要求提供勘察、设计文件。

（2）对须勘察、设计单位签认的建设工程资料，勘察、设计单位应签署意见。

（3）勘察、设计单位应参与工程竣工验收，并应出具工程质量检查报告。

3. 监理单位的职责

（1）监理单位负责监理资料的管理工作，并设专人对监理资料进行收集、整理和归档。

（2）监理单位应按照合同约定，在勘察、设计阶段，对勘察、设计文件的形成、积累、立卷和归档进行监督、检查；在施工阶段，应对施工资料的形成、积累、立卷和归档进行监督、检查，确保建设工程资料的完整性、准确性符合有关要求。

（3）对列入城建档案馆接收范围的监理资料，监理单位应在工程竣工验收后 2 个月内移交建设单位。

4. 施工单位的职责

（1）施工单位负责施工资料的管理工作，实行技术负责人负责制，逐级建立健全施工资料管理责任制。

（2）施工单位负责汇总各分包单位编制的施工资料。分包单位负责其分包范围内施工资料的收集和整理，并对施工资料的真实性、完整性和有效性负责。

（3）在工程竣工验收前，施工单位应完成工程的施工资料整理和汇总。

（4）施工单位应负责将编制的施工资料整理成一式两份，一套移交建设单位，一套自行保存。

5. 城建档案馆的职责

（1）城建档案馆负责接收、收集、保管和利用城建档案。

（2）城建档案馆负责对城建档案的编制、整理、归档工作进行监督、检查、指导，指派专业人员对国家和各省市重点、大型工程项目的工程档案编制、整理、归档工作进行指导。

（3）在工程工验收前，城建档案馆应对列入其接收范围的工程档案进行预验收，并出具建设工程竣工档案预验收意见。

1. 建设工程质量管理条例

思考与练习

一、选择题

1. 建设工程资料是对工程（　　）的处理，以及对工程进行检查、维修、管理、使用、改建、扩建、工程结算、决算、审计的重要技术依据。

A. 隐蔽工程　　　　　　　　B. 质量及安全事故
C. 施工质量问题　　　　　　D. 施工安全问题

2. 观感质量是指通过观察和必要的（　　）所反映的工程外在质量。

A. 检查　　B. 量测　　C. 抽查　　D. 监测

3. 建设工程资料应该随着工程进度（　　）收集、整理和立卷，并按照有关规定进行移交。

A. 随时　　B. 及时　　C. 同步　　D. 准时

二、简答题

1. 建设工程资料分类？

2. 大中型工程建设项目程序分为哪几个阶段？

3. 建设工程文件档案资料的载体有哪些？

教学单元 2　建设资料

教学目标

1. 知识目标

（1）理解工程准备与验收阶段各类资料的来源、收集资料内容；工程质量监督手段的内容；

（2）熟悉招标投标文件、工程竣工验收文件的内容；

（3）掌握决策立项文件、财务文件所包含的内容；用地规划文件、勘察测绘设计文件、开工审批文件的编制方法。

2. 能力目标

（1）具备完成工程项目选址申请、建设用地规划许可证、工程项目报建等资料的提纲编制能力；

（2）具备完成工程地质勘察报告、建设用地钉桩通知单、规划设计条件通知书及设计文件等资料的提纲编制能力；

（3）具备完成建设工程规划许可证、建设工程施工许可证、各种建设费用等资料的提纲编制的能力；

（4）具备完成建设工程质量监督报监备案登记表、见证取样和送检见证人授权书等资料的提纲编制的能力；

（5）具备收集完成有关建设资料并分类归档的能力。

3. 素质目标

（1）培养学生的法律意识；

（2）培养学生的行业规范意识与良好的职业道德；

（3）培养学生的团队合作精神；

（4）培养学生对行业的认同感和民族自豪感。

建设工程资料管理

思维导图

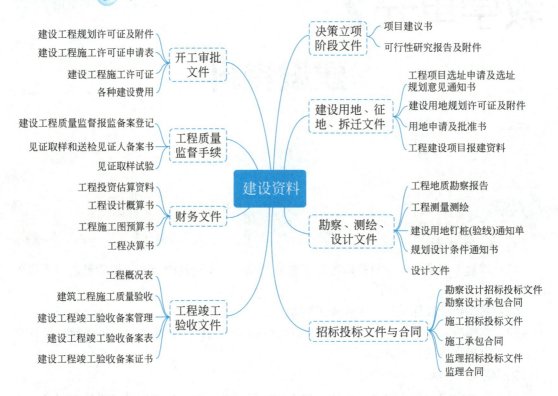

知识链接

在建筑行业大发展的背景下各地政府职能部门推行"多规合一""互联网＋政务服务"极大提高了项目审批工作的效率和便捷性。

2.1 决策立项阶段文件

决策立项阶段主要是完成建设项目正式立项的一系列工作。这个阶段主要包括的资料有项目建议书，可行性研究和可行性研究报告，立项审批等文件。

2.1.1 项目建议书

1. 项目建议书的内容

项目建议书根据拟建项目的必要性、条件的可行性、获利的可能性，并以分析必要性为主，其内容一般包括以下几个方面：

(1) 建议建设项目的必要性和依据。
(2) 产品方案、拟建条件、建设地点的初步设想。
(3) 资源情况,建设条件,协作关系的初步分析。
(4) 投资估算和资金筹措的设想。
(5) 项目的进度安排。
(6) 对经济效益和投资效果的初步估计。

2. 项目建议书编制及报批程序

从项目建议书的酝酿、编制、报批到审批同意,发给前期工作通知书,具体报批程序如图 2-1 所示。

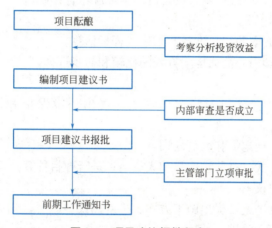

图 2-1 项目建议报批程序

2.1.2 可行性研究报告及附件

1. 可行性研究报告

可行性研究报告是根据可行性成果编制的综合报告。它是根据国家国民经济发展的长远规划和地区布局的要求,按照建设项目隶属关系,由主管部门组织计划、经济、设计等部门在可行性研究的基础上选择经济效益最好的方案的文件。

建设项目可行性研究报告的主要内容有以下几个方面:

(1) 概述

1) 项目提出的背景(改扩建项目要说明现有单位的概况)、投资的必要性和经济意义。

2) 研究工作的依据和范围。

(2) 需求预测和拟建规模

1) 国内外需求预测。

2) 国内现有项目生产能力的预测。

3) 销售预测、价格、产品竞争力分析,进入国内外市场的前景。

4) 对拟建项目的规模,产品方案和发展方向的经济技术进行比较和分析。

(3) 资源、原材料、辅助材料，燃料及公用设施落实情况

1) 资源、原材料、辅助材料，燃料的种类、数量和供应可能。

2) 需用公用设施的种类、数量、供应方式和供应条件。

(4) 建设条件和建设方案

1) 建设地点的地理位置、气象、水文、地质、地形条件和社会经济现状。

2) 交通运输及水、电、热、气的现状和发展趋势。

3) 不同建设地点比较和选择意见。

(5) 设计方案

1) 项目构成范围（指主要的单项工程），主要技术来源和生产方法，主要技术、工艺和设备选型方案的比较，引进技术、设备的国别来源，合作制造的设想，改扩建项目要说明原有国有资产的利用情况。

2) 建设项目布置方案的初步选择和土建工程量估算。

3) 公用辅助设施和内外交通运输方式的比较和初步选择。

(6) 环境保护

调查环境现状，预测项目对环境的影响，提出环境保护和治理"三废"的初步方案。

(7) 生产组织、劳动定员和人员培训

拟定生产组织和形式，对劳动定员和人员培训进行数目估算。

(8) 实施进度的建议

拟定工程项目建设进度，提出施工方案、进度建议。

(9) 投资估算和资金筹措

1) 主体工程和协作配套工程所需的投资。

2) 生产流动资金的估算。

3) 资金来源、筹措方式及贷款的偿付方式。

(10) 社会及经济效果评价

对经济效果评价要进行动态和静态分析，不仅计算建设项目本身的微观经济效果，还要分析建设项目对国民经济的宏观经济效果的贡献以及建设项目对社会的影响。

以上的可行性研究报告是以工业项目为蓝本。对非工业项目的可行性研究报告的内容，可参照上述内容，再结合自身项目的特点适当进行调整。

2. 可行性研究报告附件

除可行性研究报告正文外，还需具备以下几个附件：

(1) 选址意向书

选址，是指具体选择建设项目建设地点，确定坐落位置和东西南北四至。它是建设项目前期工作的重要环节，是设计工作的基础。

选择建设地点的依据：

① 要执行城市的总体规划和分区规划。城市中的任何建筑物和构筑物的建设均要遵守城市规划，因此，建设项目选址一定要经过规划管理部门的审批。

② 满足项目的技术要求。各种建设工程都必须考虑自然地理特征，供水、供电、供热、排水、交通运输条件，环卫、环保条件，以适应人们生产、生活的需要。

③ 经济合理。在投资建设某一个建设项目的时候，应选择能更大限度地满足建设和生产经营的要求，且建设费用、经营费用最少的建设位置。

在城市规划区域内进行建设的建设项目，都需要向城市规划管理部门申请用地，提出选址报告，又称为工程选址意向书。

在选址意向书中，除选址的依据和经济技术指标外，还要考虑以下几方面的因素：

① 土地面积和外形满足建设需要。
② 地理位置、气象、水文、地质、地形条件合适。
③ 交通、运输及水、电、气供应能力及发展趋势。
④ 生产资料情况。
⑤ 社会条件。

最后，对各个选址方案进行比较，选出建设场地的初步方案。

(2) 选址意见书

新建、改建、扩建的工程项目，建设单位的选址意向书应报城市规划管理部门备案，并需征得规划管理部门的意见。对其安排在城市规划区内的建设项目，城市规划管理部门应从城市规划方面提出选址意见书。在可行性研究报告报请有关部门审批时，城市规划管理部门的选址意见书是必备的附件。

选址意见书的内容包括如下内容。

1) **建设项目的基本情况**

建设项目的基本情况主要包括建设项目名称、性质、用地与建设规模、能源的需求、运输方式以及"三废"处理方式和排放量。

2) **建设项目选址的主要依据**

① 建设项目建议书批准文件。
② 建设项目与城市规划布局的协调。
③ 建设项目与城市交通、通风、能源、市政、防灾规划的衔接与协调。
④ 与建设项目相配套的生活设施、城市生活居住条件、公共设施的衔接和协调。
⑤ 建设项目对城市环境可能造成污染的影响以及与城市环境保护规划和风景名胜、文物古迹保护规划的协调。

3) **建设项目选址、用地范围**

① 建设项目选址、用地范围要符合城市详细规划要求。
② 选址意见书的审批要与建设项目规划审批权限相一致。

4) 选址意见通知书由城市规划主管部门下发，并有附图。

(3) 外协意向性协议

外协意向性协议，是指与建设项目有关的外部协作单位主管部门经磋商，双方签订供应使用的协议意向书。

项目建议书批准后，建设单位应与有关部门协商办理外协意向性协议。需要办理外协意向协议的项目主要有征用土地、原材料及燃料供应、动力供应、通信、交通运输条件、配套设施、辅助设施等内容。

1) **拆迁安置协议意向书**

在选址意向书圈定的征地范围内，地上的建（构）筑物、住户、耕地上的青苗等，要与辅助拆迁安置的当地政府拆迁安置部门共同研究、协商拆迁安置具体意见。按照国家和地方有关拆迁安置条例及实施细则，协商确定安置费用意向，签订用地范围内地面和地下设施及建筑物处理意向性协议。

2）原材料、燃料供应协议意向书

对原材料、燃料、辅助材料需要量比较大的种类，需与当地政府主管部门和生产厂家联系，就材料来源、质量要求、供应数量、交货地点、供应时间、交货方式等进行协商，并签订意向书，作为建设时期和投入使用后的物质保证。

3）动力供应协议意向书

动力供应，主要是指供水和供电。建设单位要与当地政府主管部门签订供水水源、取水地点和取用量协议意向书。建设单位与当地供电主管部门签订外部供电意向书，主要包括电力供应数量、方式、价格等内容。如果供应有困难，需要采取补救措施。为施工用电和建成后用电打下基础。

4）电信协议意向书

电信包括通信和通邮。通信要征得当地的电信部门的同意，签订安装电话、广播电视、租用通信卫星线路等协议意向书；通邮要与邮政部门签订通邮协议意向书。

5）交通运输协议意向书

建设项目需建设单位自建铁路、公路设施的，要与当地铁路、公路的主管部门联系并备案，取得准建证和交通运输协议意向书。

6）配套措施和辅助设施协议意向书

配套措施，指建设时原材料加工、机械维修等；辅助措施，指地方提供服务的设施，如供热、供气等。这些配套设施和辅助设施如何为建设项目提供服务，事先应与有关主管部门协商，如能提供服务，双方需签订协议意向书。

（4）可行性研究报告的审批

1）审批权限

建设单位完成编制可行性研究报告后，向有关部门申报和审批。对可行性研究报告的申报和审批，国家有关文件的规定审批权限为：

① 大中型项目可行性研究报告，按照项目隶属关系由行业主管部门或省、自治区、直辖市和计划单列市审查同意后，报国家发展和改革委员会审批，或由国家发展和改革委员会委托有关单位审批。重大项目和特殊项目以及投资2亿元以上的项目，由国家发展和改革委员会审核后报国务院审批。

② 小型项目的可行性研究报告，按照隶属关系，分别由行业主管部门和省、自治区、直辖市和计划单列市发展和改革委员会审批。

③ 企业横向联合投资的大中型基本建设项目，凡自行解决资金以及投产后的产供销能够自己落实，不需要国家安排的项目，可行性研究报告由有关部门和省、自治区、直辖市、计划单列市发展和改革委员会审批，抄报国家发展和改革委员会和有关部门备案。

④ 地方投资的地方院校、医院和其他文化、教育、卫生事业的大中型项目可行性研究报告由省、自治区、直辖市和计划单列市发展和改革委员会审批，报国家发展和改革委员会有关部门备案。

2）审批后文件的效力

可行性研究报告经过正式批准后,建设项目即正式立项。正式立项的建设项目应当按审批意见严格执行,任何部门、单位或个人都不得随意修改和变更;如因建设条件变化、建设内容变化或建设投资变化,确实需要变更或调整可行性研究报告的指标和内容时,要经过原批准单位同意,并正式办理变更手续。

（5）可行性研究工作程序

从接到建设项目前期工作通知书后,到建设项目正式立项,可行性研究工作程序如图2-2所示。

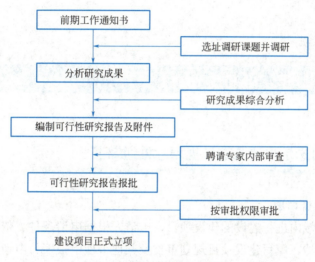

图2-2 可行性研究工作程序

（6）建设项目立项文件

建设单位根据批复的可行性研究报告,召开立项会议,组织关于立项的事宜。立项会议以纪要的形式对立项进行全面的概括阐述,对专家们立项的建议进行组织和整理,形成文件,并对项目评估做出研究。其归档文件有：项目建议书、对项目建议书的批复文件、可行性研究报告、对可行性研究报告的批复文件、关于立项的会议纪要、领导批示、专家对项目的有关建议文件、项目评估研究资料、市发展和改革委员会批准的立项文件、市发展和改革委员会批准的设计任务等。

【例2-1】

××市发展和改革委员会文件

发改投资××××号

关于××市××房产公司开发"听景园"住宅小区项目立项的批复

××市××房地产开发有限责任公司：

你单位"关于××房地产公司开发'听景园'小区立项的请示"收悉,经研究批复如下：

一、为加快××规划区建设改造步伐,引导城市密集区有序发展,满足居民不断提高的人居环境需求,同意"听景园"住宅小区项目立项。

二、项目建设内容与规模：原则同意开发××路以西、铁路专用线以南的部分地块,建设住宅小区。项目总建筑面积 136000m^2，其中：住宅 125000m^2，车库 3000m^2，物业管理等用房 8000m^2。

三、总投资及资金来源：项目概算总投资 12000 万元，其中单位自筹 9000 万元，银行贷款 3000 万元。

四、开发项目按照"全面规划、合理布局、综合开发、配套建设"的原则，力求取得较好的经济效益和社会效益。

五、请抓紧开展项目前期工作，落实建设资金，并委托有资格的咨询设计单位编制初步设计，报我委审批后，再下达年度房产开发投资计划。

××××年××月××日

2.2 建设用地、征地、拆迁文件

2.2.1 工程项目选址申请及选址规划意见通知书

1. 工程项目选址申请

在城市规划区域内进行建设的建设项目，申请人根据申请条件、依据，向城市规划管理部门提出选址申请，填写建设项目规划审批及其他事项申报表。申请还需提交如下申报材料：

（1）建设项目新征（占）用地（包括出让、转让用地和尚未办理建设用地规划许可证的用地）

1）建设单位出具的申报委托书和填写完整并加盖单位印章的建设项目规划审批及其他事项申报表（表2-1）。

建设项目规划审批及其他事项申报表
表2-1

项目代码		（首次申报时，由规划行政主管部门填写）			
建设单位（个人）	郑重承诺:对提交的申报材料实质内容的真实性负责并依法承担相应法律责任(盖章)			组织机构代码	
				邮政编码	
	通信地址		区(县)		
	委托代理人(或产权人)		身份证号码		
	电话		手机		
设计单位	郑重承诺:对设计文件和图纸表达内容的真实性、准确性、合法性负责，并依法承担相应法律责任(盖章)			资质等级	级
				资质证号	
	项目负责人		电话	注册建筑师证号	

续表

申报或征询类别	行政许可事项	规划意见书(选址)	□新征(占)用地项目	
		建设用地规划许可证	□新征(占)用地项目 □临时建设用地规划许可证	□自有用地项目
		建设工程规划许可证	□新征(占)用地项目 □城镇居民建房 □临时建设工程规划许可证	□自有用地项目 □村民建房 □外装修工程
		变更	□变更建设用地规划许可证附件 □变更建设工程规划许可证附件	□规划意见复函
		延续	□建设用地规划许可证 □临时建设用地规划许可证 □城镇居民建房 □村民建房	□建设工程规划许可证 □临时建设工程规划许可证 □外装修工程
	其他事项		□规划意见书(条件) □控规调整 □规划验线 □规划验收 (□规划意见复函)	备注：申报自有用地《规划意见书(条件)》的建设项目，如涉及新增用地，你单位是( )否( )同意将《规划意见书(条件)》转为《规划意见书(选址)》。如同意将《规划意见书(条件)》转为《规划意见书(选址)》，须在取得规划意见时，补交建设单位申报委托书 1 份
建设项目基本情况	项目性质			图幅号	
	建设位置			区(县)	
	建设规模	用地面积	m²	建筑面积	m²	其他
	上阶段审批文号				
	原规划许可证文号				

2）市发展和改革委员会对项目建议书的批复文件原件 1 份。

3）建设单位新征（占）用地申请文件（包含发文号、签发人、单位印章等基本公文要素）、选址要求及拟建项目情况说明各 1 份。

4）拟建项目设计方案图纸（含主要经济技术指标）1 份。

5）在基本比例尺图纸上，用铅笔画出新征（占）用地范围或位置的地形图 1 份。

6）依法需进行环境影响评价的建设项目，需持经相应环保部门批准的环境影响评价文件。

7）普测或钉桩成果。

8）其他法律、法规、规章规定的相关要求。

（2）自有用地建设项目

1）建设单位出具的申报委托书和填写完整并加盖单位印章的建设项目规划审批及其他事项申报表。

2）建设用地规划许可证或国有土地使用证、房产证等其他证明土地权属的文件的复印件 1 份。

3）建设单位对拟建项目情况的说明 1 份。建设项目拟加层的，需附设计部门出具的建筑结构基础证明文件。

4）拟建项目设计方案图纸（含主要经济技术指标）1份。

5）在基本比例尺图纸上，用铅笔画出新征（占）用地范围或位置的地形图1份。依法需要进行环境影响评价的建设项目，需持经相应环保部门批准的环境影响评价文件。

6）普测或钉桩成果。

7）其他法律、法规、规章规定的相关要求。

2. 选址规划意见通知书

建设单位的工程项目选址申请经城市规划管理部门审查，符合有关法规标准的，及时收取申请人申请材料，填写选址规划意见通知书2份。将选址规划意见通知书1份加盖收件专用印章后交申请人；将申请材料和选址规划意见通知书1份装袋，填写移交单，转交有关管理部门。

选址规划意见通知书由城市规划主管部门下发，并有附图。

【例2-2】

××市城市规划管理局
选址规划意见通知书

××××-0211

规划管理专用章　　发件日期：××××年×月×日

×××开发公司：

你单位××××年××月××日申报的×××厂房工程，经研究，同意在×××区××村按下列意见向房屋土地管理部门办理用地有关事宜：

1. 规划建设用地面积约：3000m^2。
2. 代征城市公共用地面积：略。
3. 应征求有关单位意见或应取得的协议：略。
4. 其他：略。
5. 遵守事项：

(1) 征用农村集体土地时，执本通知书向市房屋土地管理部门办理征用土地有关事宜，待市人民政府批复后，再向我局申报建设用地规划许可证。

(2) 使用国有土地时，执本通知书向市房屋土地管理部门征询本用地图示范围内有关单位和居民住宅的拆迁安置意见，由市房地产管理部门在本通知书下栏内填写拆迁安置意见，待我局审定设计方案后，建设单位或申报单位执本通知书和办理建设用地规划许可证所需报送的文件及图纸，向我局申报建设用地规划许可证。

(3) 本通知书附图一份，图文一体方为有效文件。

(4) 本通知书有效期一年（从发出之日算起），逾期自行作废，用地重新安排。

市房屋土地管理部门对使用国有土地进行拆迁安置意见：

同意规划意见（盖章）

××××年×月×日

2.2.2 建设用地规划许可证及附件

1. 提出规划用地申请

建设单位持有按国家基本建设程序批准的建设项目立项的有关证明文件,向城市规划管理部门提出用地申请,填写规划审批申报表和准备好有关文件。

建设用地规划许可证申报表主要内容包括建设单位、申报单位、工程名称、建设内容、地址、规模等概况。需要准备好的有关文件,主要有地方发展和改革委员会批准的征用土地计划、土地管理部门的拆迁安置意见、地形图和规划管理部门选址意见书以及要求取得的有关协议、意向书等文件和图纸。

填写的申报表要加盖建设单位和申报单位公章。

经审查符合申报要求的用地申请,发给建设单位或申报单位建设用地规划许可证立案表,作为取件凭证。

2. 建设用地规划许可证

征用土地是工程项目建设的最基本条件,要在工程设计时办理完成规划用地许可证和拆迁安置协议等有关事宜。

规划管理部门根据城市总体规划的要求和建设项目的性质、内容以及选址定点时初步确定的用地范围界线,提出规划设计条件,核发建设用地规划许可证。办理建设用地规划许可证时应当注意:

(1) 国有土地管理部门提出拆迁安置意见后,正式确定使用国有土地的范围和数量,并待城市规划行政主管部门审定设计方案后,方可办理建设用地规划许可证。

(2) 建设用地规划许可证规定的用地性质、位置和界线,未经原审批单位同意,任何单位和个人不得擅自变更。

【例 2-3】

建设用地规划许可证
建设工程图

用地单位:×××　　　　　　　　（盖章）　　　　　　　　×××-012
用地位置:×××　　　　　　　　　　　　　　　　　　　图幅号:×××-12
用地单位:×××　　　　　　电话:　　　　发件日期:××××年×月×日

建设用地		用地面积（m²）	备注
特征用地	公共设施用地		其中 粮田_____ m² 菜地_____ m² 其他_____ m²
待征用地	城市道路用地		
其他用地	城市绿化用地		
合计			

说明:

1. 本附件与建设用地规划许可证具有同等效力。

2. 遵守事项见建设用地规划许可证。

注意事项：

1. 概略范围见附图，准确位置及坐标由×××测绘院钉桩后另行通知。

2. 请当地区（县）人民政府土地或房管部门按有关规定办理用地手续。

3. 用地时如涉及房屋、绿化、交通、环保、测量标志、军事设施、市政、文物古迹等地上地下设施，要注意保护，并事先与有关主管部门联系，妥善处理。

4. 建设项目需施工时，应按有关规定另行办理建设工程规划许可证。

5. 当建设任务撤销或部分任务撤销后，本建设用地规划许可证及附件相应撤销。用地单位应主动向所在地区（县）主管部门交回土地，不得转让、荒废或作其他用途。

2.2.3 用地申请及批准书

征用土地应严格按照国家规定的基本建设程序和审批权限办理。办理程序如下：

1. 建设用地申请

建设单位和个人在取得建设用地规划许可证后，方可向县级以上人民政府土地管理部门申请用地，编制申请用地报告。

2. 协商征地数量和补偿安置方案

县级以上人民政府土地管理部门对建设用地申请进行审核，划定用地范围，并组织建设单位与被征用土地单位以及有关单位依法商定征用土地协议、补偿、安置方案，报县级以上人民政府批准。

3. 划拨土地

建设用地的申请，依照法律规定，经县级以上人民政府批准后，由土地管理部门根据建设进度需要进行一次或者几次（分期）划拨建设用地。

4. 核发国有土地使用证

建设项目竣工后，由城市规划管理部门会同土地管理部门、房地产管理部门核查实际用地后，由县级以上人民政府办理土地登记手续，核发国有土地使用证。

【例2-4】国有土地使用证及有关内容

×××市国用（×××××）字第×××××号

中华人民共和国国有土地使用证

根据《中华人民共和国土地管理法》规定，为维护社会主义土地公有制，保护土地使用者的合法权益，由土地使用者申请，经调查审定，准予登记，发给此证。

×××市人民政府（盖章）
××××年×月

土地使用者	×××学院
土地坐落	×××学院
土地用途	教学、科研

续表

地号				图号		
土地使用权面积		总面积				m²
	独自使用权	面积				m²
		其中建筑占地				m²
	共有使用权	面积				m²
		其中分摊	面积			m²
			建筑占地			m²
土地等级				使用期限		
四至	东至：××道 南至：××××辰昌路 西至：外环西路 北至：××道					
填发机关意见	同意登记、发证			×××市房屋土地管理局（盖章） ××××年×月×日		

2.3 勘察、测绘、设计文件

2.3.1 工程地质勘察报告

勘察工作是工程建设的基础工作之一，勘察成果是工程设计的基本依据。

1. 勘察工作的内容和方法

（1）勘察工作的内容

工程建设的勘察工作主要包括自然条件的调查、工程勘察、水文勘察、地震调查等内容。

1) 自然条件的调查主要是气象、气候条件的观察，环境资源评价，地形测量和地形图的测绘工作。

2) 工程勘察包括建筑物基础的岩土工程勘察，公路工程、铁路工程、海港工程等地质勘察。

3) 水文勘察主要指工程水文地质勘察，了解并解决地下水对建设工程造成的危害等不良影响。

4) 地震调查主要指工程建设地区的地震情况调查，并作出地震时建筑物的安全评价。

（2）勘察的方法

常用的地质勘察方法有野外调查、测绘、钻探、槽探、现场试验、室内试验和长期观测等。对于城市基本建设勘察来说，一般多采用槽探、井探、物探、实验室试验等。

2. 工程地质勘察

对于一个建设项目，为查明建筑物的地质条件而进行的综合性的地质勘察工作，称为工程地质勘察。

城市工程地质勘察一般分为以下 4 个阶段：

（1）选址勘察阶段

选址勘察是工程地质勘察的第一阶段，任务是对拟选场地的稳定性和适宜性作出评价。以收集资料、踏勘为主要手段，对工程地质条件复杂的可作必要的勘探工作。

（2）初步勘察阶段

初步勘察是工程地质勘察的第二阶段，任务是对建设场地内建设地段的稳定性作出评价。

（3）详细勘察阶段

详细勘察是工程地质勘察的第三阶段，任务是对建筑地基作出工程地质评价，并为地基基础设计、地基处理与加固、不同地质现象的防治工程提供工程地质资料。

（4）施工勘察阶段

施工勘察是工程地质勘察的第四阶段，任务是对工程地质条件复杂或有特殊施工要求的建筑物地基进行进一步的勘察。

3. 工程地质勘察报告

工程地质勘察报告是为查明建筑地区工程地质条件，进行综合性的地质勘察工作，所获得的成果编制成的报告。通过工程地质勘察，对建筑地区工程地质情况和存在问题作出评价，为工程建设的规划、设计、施工提供必需的参考依据。

工程地质勘察报告的内容分为文字和图表两部分。文字部分的内容包括前言、地形、地貌、地层结构、含水层构造、不良地质现象、土的最大冻结深度、地震基本烈度、预测环境工程地质的变化和不良影响、工程地质建议等。图表部分包括工程地质分区图、平面图、剖面图、勘探点平面位置图、钻孔柱状图以及不良地质现象的平（剖）面图、物探剖面图和地层的物理力学性质、试验成果资料等。

2.1 勘察报告

城市规划区内的建设工程，因建筑范围有限，一般只进行工程地质勘察工作就可以满足设计需要。需注意：工程地质勘察报告要由经国家批准的有资质等级的单位进行工程地质勘察工作后再进行编写。

2.3.2 工程测量测绘

工程测量是工程建设中各种测量工作的总称。工程设计阶段的工程测量，按工作程序和作业分为地形测量和拨地测量。

（1）地形测量

工程建设的地形测量，指建设用地范围内的地形测量，反映地貌、水文、植被、建筑物和居民点。地形测量大多采用实地测量，测量结果直接、内容较详尽。基建项目地形测量所绘地形图的比例尺一般为 1∶1000 或 1∶500。根据测绘地点的水平位置、高程和地面形态及建筑物、构筑物等实测结果，绘制出建设用地范围内的地形图。

(2) 拨地测量

征用的建设用地,进行位置测量、形状测量和确定四至,称为拨地测量。拨地测量一般采用解析实钉法。

根据拨地条件,一般以规划部门批准的建设用地钉桩通知单中规定的条件,选定测量控制点,进行拨地导线测量、距离测量、测量成果计算等一系列工作,编制出征用土地的测量报告。测量报告的内容为拨地条件、成果表、工作说明、略图、条件坐标、内外作业计算记录手簿等资料,并将拨地资料和定线成果展绘在比例为1:1000或1:500的地形图上,建立图档。

测量成果报告是征用土地的依据性文件,也是工程设计的基础资料。

2.3.3 建设用地钉桩（验线）通知单

规划行政主管部门在核发规划许可证时,应当向建设单位一并发放建设用地钉桩（验线）通知单（表2-2）。

建设用地钉桩（验线）通知单　　　　　　　　　表2-2

工程名称		许可证号	
建设单位		涉及图幅号	
施工单位		钉桩时间	
建设项目钉线情况说明			
附图:			
现场签名	建设单位代表	施工单位代表	规划院代表	规划局代表

建设单位在施工前应当向规划行政主管部门提交填写完整的建设用地钉桩（验线）通知单。规划行政主管部门应当在收到验线申请后3个工作日内组织验线。经验线合格方可施工。对未经验线进行建设的,由规划、建设行政主管部门分别对建设单位和施工单位予以警告,并责令限期补验。对未按照规划许可证批准内容进行建设,尚能及时纠正的,由规划行政主管部门责令限期改正;不履行规划许可证规定和要求的,责令限期履行;构成违法建设的,依照有关规定给予行政处罚。

2.3.4 规划设计条件通知书

1. 建设单位申报规划设计条件

建设项目立项后,建设单位应向规划行政主管部门申报规划设计条件,并准备好相关文件和图纸。相关文件和图纸包括：
(1) 计划部门批准的可行性研究报告。
(2) 建设单位对拟建项目说明。
(3) 拟建方案示意图。
(4) 地形图和用地范围。
(5) 其他。

2. 规划设计条件通知书

规划行政主管部门对建设单位申报的规划设计条件进行审查和研究，同意进行设计时，签发规划设计条件通知书，作为方案设计的依据。

规划设计条件通知书主要内容包括：

(1) 用地情况包括规划建设用地面积和代征城市公共用地面积（代征道路用地和绿化用地面积）。
(2) 用地使用性质和其可兼容性质。
(3) 用地使用强度，包括用地范围的容积率、建筑密度、居住人口毛密度和居住建筑面积毛密度。
(4) 建设设计要求包括建筑规模、建筑高度、建筑层数（地上、地下）、建筑规划用地边界线、建筑间距、交通出入口方位（机动车、人流）、停车数量及规模（机动车、自行车）、绿化（绿地率、绿地位置、保留古树及其他树木）、人均集中绿地面积。
(5) 城市设计要求。
(6) 市政要求。
(7) 城市配套要求。
(8) 其他。
(9) 遵守事项。

【例 2-5】

××市城市规划管理局规划设计条件通知书

××××-0211

规划管理专用章

发件日期：××××年××月××日

×××学院：

你单位××××年×月××日根据（××）规条字（×××）第××号计划任务中申报的×××教学楼工程，经研究，同意在×××学院按下列规划设计条件进行设计：

1. 用地情况

　1.1 规划建设用地面积约：

　1.2 代征城市公共用地面积：

　　其中，代征道路用地面积：

　　代征绿化用地面积：

2. 用地使用性质

　2.1 使用性质：

　2.2 可兼容性质：

3. 用地使用强度
   3.1 容积率：
   3.2 建筑密度：
   3.3 居住人口毛密度：
   3.4 居住建筑面积毛密度：
4. 建筑设计要求
   4.1 建筑规模：
   4.2 建筑高度：
   4.3 建筑层数：
      其中，地上：
             地下：
   4.4 建筑规划用地边界：
   4.5 建筑间距：
   4.6 交通出入口方位：
   4.7 停车数量及规模：
   4.8 绿化要求：
5. 城市设计要求
6. 市政要求
7. 城市配套要求
8. 其他
9. 遵守事项

9.1 持本通知书委托具有符合承担本工程设计资格及业务范围的设计单位进行方案设计。

9.2 本通知书所列规划设计条件是我局审批设计方案的依据。

9.3 本工程为局（或处）项目。

9.4 本通知书附有设计方案报审表2份，设计方案编制完成后，填写设计方案报审表和规划审批申报表，按要求报送有关文件和图纸，申报审批设计方案。

9.5 报审设计方案图纸装订成A3规格。

9.6 本工程涉及消防、市政等问题时，应与有关行政主管部门取得联系。

9.7 本工程在申报设计方案前，应取得下列行政主管部门的审查意见或有关协议（略）。

9.8 本通知书附图1份，图文一体方为有效文件（附图略）。

9.9 本通知书有效期一年（从发出之日算起），逾期无效。

2.3.5 设计文件

所有新建、扩建、改建和技术改造项目在计划任务被批准以后，应当及时委托设计单位根据规划管理部门签发的工程设计条件通知书及附图进行工程设计，编制设计文件。委托设计，是指建设项目主管部门对有设计能力的设计单位或者中标单位提出委托设计的委托书，建设单位和设计单位签订设计合同。一般建设项目实行两阶段设计，即初步设计和施工图设计。对于技术比较复杂，采用新工艺、新技术的重大项目，而又缺乏设计经验的，通常采用三阶段设计，即初步设计、技术设计和施工图设计。

1. 初步设计图纸及说明

初步设计图纸主要包括总平面图、建筑图、结构图、给水排水图、电气图、弱电图、供暖通风及空气调节图、动力图、技术与经济概算等。

初步设计说明书由设计总说明和各专业的设计说明书组成。

设计总说明是初步设计文件的主要组成部分，是对整个建筑工程设计有关内容总体的文字叙述。其内容一般应包括下列几个方面：

（1）工程设计的主要依据

1）批准的设计任务书文号、协议书文号及其有关的摘录。

2）工程所在地区的气象、地理，建设场地的工程地质概述。

3）水、电、气、燃料等能源的供应，公用设施的利用和交通运输的条件。

4）城建规划、环境保护部门等对有关用地、环保、消防、人防、抗震设防烈度等的要求和依据资料。

5）建设单位提供的使用要求或生产工艺的设计资料。

（2）工程设计的规模和设计范围

1）工程设计的规模及项目组成。

2）如果是分期建设，应说明近期、远期工程的情况。

3）承担设计的范围与分工。

（3）设计的指导思想和设计特点

1）设计在贯彻国家政策、法令和有关规定等方面的阐述。

2）采用新技术、新材料、新设备和新结构的情况。

3）对环境保护、节约用地、节约能源、综合利用、抗震设防等采取的主要措施。

4）根据使用功能要求，对总体布局和选用标准方面的综合叙述。

（4）总指标

1）总用地面积、总建筑面积、总建筑占地面积。

2）总概算或建筑工程的总投资，节约或超过投资的主要原因分析。

3）水、电、气、燃料等能源总消耗量和单位消耗量，主要建筑材料（三材）总消耗量。

4）其他相关的技术经济指标及分析。

（5）需提请在设计审批时解决或确定的主要问题

1）有关城市规划、红线、拆迁和水、电、气，燃料等能源供应的协作问题。

2）设计总建筑面积、总投资（概算）存在的问题。

3）设计选用标准方面的主要问题。

4）有关主要设计基础资料和施工条件的落实。

各专业初步设计说明书的内容详见《建筑工程设计文件编制深度规定（2016年版）》。

若工程简单、规模小，设计总说明和各专业的设计说明书可合并编写，有关内容可适当简化，初步设计说明书的章节也可适当缩减。

2. 技术设计

技术设计是对初步设计的补充和深化，一些技术比较复杂或有特殊要求的建设项目以及采用新工艺、新技术的重大项目，因缺乏设计经验的，通常需增加技术设计。

技术设计编制的目的：

(1) 对设计方案中比较复杂的技术问题、有关科学试验新开发的项目、外援项目以及特殊要求的建设项目，需通过更详细的设计和计算，对于工艺流程、建筑结构、工程技术问题等进一步阐明其可靠性和合理性。

(2) 核实建设规模、检查设备选型。

3. 施工图设计及说明

施工图设计主要包括总平面图、建筑图、结构图、给水排水图、电气图、弱电图、供暖通风及空气调节图、动力图设计、预算等。

在图纸目录中先列新绘制图纸，后列选用的标准图、通用图或重复利用图。施工图说明书由设计总说明和各专业的设计说明书组成。

一般工程的设计说明可分列在有关的图纸上，如重复利用某一专门的施工图纸及其说明时，应详细注明其编制单位资料名称和编制日期，如果施工图设计阶段对初步设计有变，应重新计算并列出主要技术经济指标表。这些表可列在总平面布置图上。

各专业施工图设计说明书的内容详见《建筑工程设计文件编制深度规定（2016年版）》。

4. 施工图设计审查

工程施工图设计文件审查是为了加强工程项目设计质量的监督和管理，保护国家和人民生命财产安全。

《建设工程质量管理条例》规定，建设单位应当将施工图设计文件报县级以上人民政府建设行政部门或者其他有关部门审查；施工图设计文件未经审查批准的，不得使用。

目前实行对各类新建、改建、扩建的建设工程项目的施工图设计文件的审查。

(1) 管理部门和审查机构

各级建委（县级以上）负责本市施工图审查的管理工作，并委托施工图审查机构审查，建筑业管理办公室负责对施工图审查机构的考核管理和工程施工图审查的备案等监督管理工作。并委托质量监督总站实施备案。

(2) 审查范围

审查范围是行政地域范围内符合建设工程设计等级分级标准中的各类新建、改建、扩建的建设工程项目。

(3) 审查内容

1) 建筑物的稳定性、安全性，包括地基基础和主体结构体系是否安全、可靠。

2) 是否符合消防、节能、环保、抗震、卫生、人防等有关强制标准和规范。

3) 施工图是否达到规定的深度要求。

4) 是否损害公众利益。

【例 2-6】

关于同意××市××房地产开发有限责任公司"××园"
1~8号楼工程设计的审核意见

××市××房地产开发有限责任公司：

你单位报送的"××园"1~7号住宅楼及8号综合楼工程施工图纸资料及申报表（编号：××××××号），经有关规定进行审核，同意该工程设计，提出以下审核意见：

1. 报告中附的建设单位管理报告未盖章。
2. 在设计图中应补充标注双跨立柱短跨间距尺寸要求。

以上意见望予以落实，变更后的图纸资料应报我处备案，工程施工过程中如有变动，应当重新申报，工程竣工后须经消防验收合格后方可投入使用。

审查机构负责人（签字）：×××
审查机构（盖章）：
××××年××月××日

2.4 招标投标文件与合同

2.4.1 勘察设计招标投标文件

1. 勘察招标

勘察是招标人委托有资格的勘察设计单位对建设项目的可行性研究立项选址，并为后期设计工作提供现场的实际资料。由于建设项目的建设地点、规模、性质、复杂程度的不同，工程设计所需的技术要求千差万别，委托勘察工作的内容和科研项目也相应不同。在招标文件中勘察任务应具体明确，给出任务的数量指标，如地质勘探的孔位、眼数、总钻探进尺长度等。勘察任务可以采取勘察设计总承包，也可以单独发包给具有相应资质的勘察单位实施完成；前者对招标人较为有利，后者使招标人可以免去实施过程中可能遇到的协调义务，而且能使勘察工作直接根据设计需要进行，满足设计对勘察资料精度、内容和进度的要求，必要时还可以进行补充勘察工作。

勘察的内容有以下8个类别：

（1）自然条件观测。
（2）地形图测绘。
（3）资源探测。
（4）岩土工程勘察。

（5）地震安全性评价。
（6）工程水文地质勘察。
（7）环境评价和环境观测。
（8）模型试验和科研。

2. 设计招标

为了保证设计指导思想连续地贯彻在设计的各个阶段，一般工程项目多采用技术设计招标或施工图设计招标，不单独进行初步设计招标，由中标的设计单位承担初步设计任务。招标人应根据工程项目的具体特点决定发包的工作范围，可以采用设计全过程总发包的一次性招标，也可以选择分单项或分专业的发包招标。

以招标投标方式委托设计任务，是为了让设计的技术和成果作为有价值的商品进入市场，通过招标择优确定实施单位，达到拟建工程项目能够采用先进的技术和工艺、降低工程造价、缩短建设周期和提高投资效益的目的。设计招标的特点表现为承包任务是投标人通过自己的智力劳动，将招标人对建设项目的设想变为可实施的蓝图。

在设计招标文件中投资人只是简单介绍工程项目的实施条件、预期达到的技术经济指标、投资限额、进度要求等，招标人通过开标、评标程序对各方案进行比较选择后确定中标人。鉴于设计任务本身的特点，设计招标应采用设计方案竞选的方式招标。

设计招标与其他招标在程序上的主要区别表现为以下几个方面：

（1）招标文件的内容不同

设计招标文件中仅提出设计依据、工程项目应达到的技术指标、项目限定的工作范围、项目所在地的基本资料、要求完成的时间等内容，而无具体的工作量。

（2）对投标书的编制要求不同

投标人的投标报价不是按规定的工程量清单填报单价后算出总价，而是首先提出设计构思和初步方案，并论述该方案的优点和实施计划，在此基础上进一步提出报价。

（3）开标形式不同

开标时不是由招标单位的主持人宣读投标书并按报价高低排定标价次序，而是由各投标人自己说明投标方案的基本构思和意图以及其他实质性内容，而且不按报价高低排定标价次序。

（4）评标原则不同

评标时不过分追求标价的高低，评标委员更多关注于所提供方案的技术先进性、所达到的技术指标、方案的合理性以及对工程项目投资效益的影响。

3. 设计招标文件

设计招标文件，是指导投标人正确编标报价的依据，既要全面介绍拟建工程项目的特点和设计要求，还应详细提出应当遵守的投标规定。

（1）招标文件的主要内容

招标文件通常由招标人委托有资质的中介机构准备，其内容应包括以下几个方面：

1）投标须知，包括所有对投标要求的有关事项。

2）设计依据文件，包括设计任务书及经批准的有关行政文件复印件。

3）项目说明书，包括工作内容、设计范围和深度、建设周期和设计进度要求等，并告知建设项目的总投资限额。

4）合同的主要条件。

5）设计依据资料，包括提供设计所需资料的内容、方式和时间。

6）组织现场考察和召开标前会议的时间、地点。

7）投标截止日期。

8）招标可能涉及的其他有关内容。

（2）设计要求文件的主要内容

招标文件中，对项目设计提出明确要求的"设计要求"或"设计大纲"是最重要的文件部分，大致包括以下内容：

1）设计文件编制的依据。

2）国家有关行政主管部门对规划方面的要求。

3）技术经济指标要求。

4）平面布局要求。

5）结构形式方面的要求。

6）结构设计方面的要求。

7）设备设计方面的要求。

8）特殊工程方面的要求。

9）其他有关方面的要求，如环境、消防等。

编制设计要求文件应兼顾三个方面：严格性，文字表达应清楚不被误解；完整性，任务要求全面不遗漏；灵活性，要为投标人发挥设计创造性，留有充分的自由度。

4. 对投标人的审查

对申请投标人的审查，无论是对公开招标还是邀请招标，审查的基本内容相同。

（1）资格的审查

资格审查是审查投标人所持有的资质证书是否与招标项目的要求一致，具备实施资格。审查的主要内容包括证书的种类、证书的级别、允许承接的业务范围。

（2）能力的审查

判定投标人是否具备承担发包任务的能力，通常审查投标人的技术力量和所拥有的技术设备两方面是否满足要求。

（3）经验的审查

通过投标人报送的最近几年完成的工程项目表，评定其设计能力和水平，侧重于考察已完成的设计项目与招标工程在规模、性质、形式上是否相适应。

5. 评标

（1）勘察投标书的评审

对勘察投标书主要评审以下内容：

1）勘察方案是否合理。

2）勘察技术水平是否先进。

3）各种数据是否可靠。

4）报价是否合理。

（2）设计投标书的评审

对设计投标书主要评审以下内容：

1）设计方案的优劣。

2) 投入与产出经济效益比较。
3) 设计进度快慢。
4) 设计资历和社会信誉。
5) 报价的合理性。

2.4.2 勘察设计承包合同

发包人通过招标方式与选择的中标人就委托的勘察、设计任务签订合同。订立合同，委托勘察、设计任务是发包人与承包人的自主市场行为，但必须遵守相关法律、法规的要求。为了保障勘察、设计承包合同的内容完整、责任明确、风险责任合理分担，住房和城乡建设部、国家市场监督管理总局制定了《建设工程勘察合同（示范文本）》（GF—2016—0203）和《建设工程设计合同（示范文本）》（房屋建筑工程 GF—2015—0209；专业建设工程 GF—2015—0210）。

1. 勘察承包合同

依据《建设工程勘察合同（示范文本）》订立建设工程勘察合同时，双方应根据工程项目的特点，通过协商，在合同的相应条款内明确以下具体内容：

(1) 发包人应提供的勘察依据文件和资料

1) 提供本工程批准文件（复印件），用地（附红线范围）、施工、勘察许可等批准文件（复印件）。
2) 提供工程勘察任务委托书、技术要求和工作范围的地形图、建筑总平面布置图。
3) 提供勘察工作范围已有的技术资料及工程所需的坐标和高程资料。
4) 提供勘察工作范围内地下已有埋藏物的资料（如电力、通信电缆、各种管道、人防设施、洞穴等）及具体位置图。
5) 其他必要的相关资料。

(2) 委托任务的工作范围

1) 工程勘察内容。
2) 技术要求。
3) 预计的勘察工作量。
4) 勘察成果资料提供的份数。

(3) 合同工期

合同约定勘察工作的开始时间和终止时间。

(4) 勘察费用

1) 勘察费用的预算金额。
2) 勘察费用的支付程序和每次支付的百分比。

(5) 发包人应为勘察人提供的现场工作条件

根据工程项目的具体情况，合同双方当事人可以在合同中约定由发包人负责保证勘察工作顺利开展应提供的条件。

(6) 违约责任

1) 承担违约责任的条件和处理办法。

2）违约金的计算方法等。

（7）合同争议的最终解决方式

合同中应明确约定解决合同争议的最终解决方式是采用仲裁还是诉讼。采用仲裁时，约定仲裁委员会的名称。

2. 设计承包合同

依据《建设工程设计合同（示范文本）》订立建设工程设计合同时，双方应根据工程项目的特点，通过协商，在合同的相应条款内明确以下具体内容：

（1）发包人应提供的文件和资料

1）设计依据文件和资料。主要包括经批准的项目可行性研究报告或项目建议书；城市规划许可文件、工程勘察资料等。

2）项目设计的要求。主要包括工程的范围和规模，限额设计的要求，设计依据的标准，法律、法规规定应满足的其他条件。

（2）委托任务的工作范围

1）设计范围。合同内应明确建设规模，详细列出工程分项的名称、层数和建筑面积。

2）建筑物的合理使用年限要求。

3）委托的设计阶段和内容。包括方案设计、初步设计和施工图设计的全过程，也可以是其中的某个阶段。

4）设计深度的要求。方案设计文件应当满足编制初步设计文件和控制概算的需要；初步设计文件应当满足编制施工招标文件、主要设备材料订货和编制施工图设计文件的需要；施工图设计文件应当满足设备材料、非标准设备制作和施工的需要。具体的内容应根据项目的特点在合同中约定。设计人应根据国家有关标准进行设计，设计标准可以高于国家强制性标准的规定。

5）设计人配合施工的要求。包括向发包人和施工承包人进行设计交底；处理有关设计问题；参加重要隐蔽工程部位验收和竣工验收等。

（3）设计人交付设计资料的时间

合同约定的方案设计、初步设计和施工图设计交付时间。

（4）设计费用

1）合同双方应根据国家有关规定，确定最低的设计费用。

2）设计费用的分阶段支付进度款的条件和每次支付总设计费的百分比及金额。

（5）发包人应为设计人提供现场工作的条件。

（6）违约责任（见《建设工程设计合同（示范文本）》）。

（7）合同争议的最终解决方式（见《建设工程设计合同（示范文本）》）。

2.4.3 施工招标投标文件

建设工程施工招标投标，是建设单位以竞争的方式择优选择施工队伍的一种管理制度。它的特点是发包的工作内容具体、明确，各投标人编制的投标书在评标时易于进行横向对比。虽然投标人按照招标文件的工程量表既定的工作内容和工程量编标报价，价格的高低并非是确定中标人的唯一条件，投标过程实际上是各投标人完成该任务的技术、经济、管理等综合能力的竞争。

1. 招标投标程序

建设工程施工招标投标程序与设计招标投标程序基本相同，一般按下述程序进行：

（1）招标准备阶段

招标准备阶段的工作由招标人单独完成，投标人不参与。主要工作包括选择招标方式，办理招标备案手续、组织招标班子和编制招标有关文件。

（2）招标投标阶段

在招标投标阶段。招标人应做好招标的组织工作，投标人则按照招标有关文件规定程序和具体要求进行投标报价的竞争。此阶段工作是发布招标公告、资格预审、确定投标单位名单、分发招标文件以及图纸和技术资料、组织踏勘现场和招标文件答疑、接受投标文件、建立评标组织、制定评标和决标的办法。

（3）决标阶段

从开标日到签订合同这一时期称为决标阶段，是对各投标书进行评审比较，最终确定中标人的过程。此阶段工作是召开开标会议、审查投标标书、组织评标、公开标底、决标前谈判、决定中标单位、发布中标通知书以及签订施工承发包合同。

【例 2-7】

编号：（××××）02 号

×××市建设工程中标通知书附件

×××市建安公司：

经招标领导小组评定，确定你公司为中标单位。按招标文件要求请在××××年×月×日前签订合同，应将中标通知书、投标文件、投标单位报价书作为合同的组成部分，并报招标办备案。

工程名称		听景园8号楼	批准机关及文号	—
建设单位		××房地产开发公司	建设地点	外环西路、铁路专用以东
设计单位		市规划设计院	承包方式	包工包料
中标造价		200.20万元（含统筹费）	建筑面积	2850m^2
其中	土建	万	结构层次	砖混五层
	安装	万	中标工期	200日历天
	其他	万	质量等级	优良
工程发包		按施工图设计变更发包		

招标单位（章）	市招标办（章）
××××年×月×日	××××年×月×日

送：各有关单位。

工程施工招标投标流程请扫二维码在线浏览。

2. 编制招标文件

在招标方式、合同类型、发包数量确定后，建设单位应组织编写招标有关文件。

2.2 工程施工招标投标流程

(1) 招标公告

由招标人通过指定的报刊、信息网或其他媒介，并同时在中国工程建设网和建筑业信息网上发布招标公告；实行邀请招标的，应向 3 个以上符合资质条件的投标人发送投标邀请书。主要介绍招标工程项目基本情况和招标单位的情况、投标单位购买预审文件办法等有关事宜。

(2) 资格预审文件

资格预审文件由资格预审须知和资格预审申请表两部分组成。资格预审须知是明确参加投标单位应知事项和申请人应具备的资历及有关证明文件。由投标人填写的资格预审申请表是按照招标单位对投标申请人的要求条件而编写的。

(3) 招标文件

招标文件是投标人编写投标书和报价的依据，文件中的各项内容应尽可能完整、详细，明确而具体，要最大限度减少误解和可能产生的争议。由于招标文件的内容繁多，必要时可以分卷、分章编写。

(4) 标底

工程施工招标投标通常要编制标底，一般委托工程造价单位编制。编制标底应根据图纸和有关资料确定工程量，标底价格要考虑成本、利润和税金，而且要与市场实际相一致，还要考虑人工、材料、机械价格等变动因素和不可预见因素的影响，既利于竞争，又保证工程质量。

标底须报请主管部门审定，审定后应密封保存，严格保密，不得泄漏，直至开标。

3. 编制投标文件

投标单位在正式投标前进行投标资格预审，投标单位要填写资格预审文件，申请投标。招标单位要对参加申请的投标单位进行资质审查，并将审查结果通知各申请投标人，确定合格的投标单位。

(1) 投标单位应向招标单位提供的文件材料

1) 企业的营业执照和资质证书。

2) 企业简历。

3) 自有资金情况和财务状况。

4) 全体职工人数、人员技术等级、自有设备。

5) 近三年承建的主要工程和质量。

6) 现有主要施工任务。

(2) 编写投标文件

投标单位根据招标文件的要求认真编写投标书，投标书编制完成后在规定的期限内密封送达招标单位。

4. 开标、评标和中标

(1) 开标

1) 开标由招标人主持，邀请所有的投标人参加。

2) 当众检查投标文件，并应得到公证机关公证。

(2) 评标

1) 评标由招标人依法组建的评标委员会负责，在严格保密的情况下进行。

2) 评标委员会应当客观公正地履行职责，遵守职业道德，对所提的评审意见承担个人责任。

(3) 中标

中标单位确定后,招标单位向中标单位发出通知书,然后招标单位与中标的施工单位签订施工合同。

2.4.4 施工承包合同

建设工程施工合同是建设单位(招标单位)与施工单位(中标单位)根据有关法律、法规,遵循平等、自愿、公平和诚实信用的原则,签订完成某一建设工程施工任务,明确相互权利、义务关系的有法律效力的协议。《建设工程施工合同(示范文本)》(GF—2017—0201)中把合同分为协议书、通用合同条款、专用合同条款三个部分,并附有附件。

1. 协议书

合同协议书是施工合同的总纲性法律文件,经双方当事人签字盖章后合同即成立。标准化的协议书需要填写的主要内容包括工程概况、工程承包范围、合同工期、质量标准、合同价款、组成合同的文件及合同的生效时间等。

2. 通用合同条款

通用条款是根据有关法律、法规规定及建设工程施工的需要订立,它是一个规范性文本,适用于各个建设工程项目,建设单位和施工单位都应遵守。通用条款包括词语定义及合同文件,双方一般权利和义务,施工组织设计和工期,质量与检验,安全施工,合同价款与支付,材料设备与供应,工程变更,竣工验收与结算,违约、索赔和争议以及其他。

3. 专用合同条款

专用条款是结合具体工程实际,经协商达成一致意见的条款,是对通用条款的具体化、补充或修改。其内容由合同当事人根据建设工程项目的具体特点和实际要求细化。

4. 附件

《建设工程施工合同(示范文本)》附有承包人承揽工程项目一览表、发包人供应材料设备一览表等附件。

2.4.5 监理招标投标文件

1. 招标文件

招标人为了指导投标人正确编制投标书,监理招标文件应包括以下几方面的内容,并提供必要的资料。

(1) 投标须知,包括:

1) 工程项目综合说明,包括主要的建设内容、规模、工程等级、地点、总投资、现场条件、开竣工日期。

2) 委托的监理范围和监理业务。

3) 投标文件的格式、编制、递交。

4) 无效投标文件的规定。

5) 投标起止时间,开标、评标、定标的时间和地点。

6) 招标文件、投标文件的澄清与修改。
7) 评标的原则等。
(2) 合同条件。
(3) 业主提供的现场办公条件（包括交通、通信、住宿、办公用房等）。
(4) 对监理单位的要求（包括现场监理人员、检测手段、工程技术难点等方面）。
(5) 有关技术规定。
(6) 必要的设计文件、图纸、有关资料。
(7) 其他事宜。

2. 投标文件

投标人根据招标文件编制投标书，投标书应注意以下几方面的合理性：

(1) 投标人的资质（包括资质等级、批准的监理业务范围、主管部门或股东单位、人员综合情况等）。
(2) 监理大纲的合理性。
(3) 拟派项目的主要监理人员（总监理工程师和主要专业监理工程师）。
(4) 人员派驻计划和监理人员的素质（学历证书、职称证书、上岗证书等）。
(5) 监理单位提供用于工程的检测设备和仪器，或委托有关单位检测的协议。
(6) 近几年监理单位的业绩和奖惩情况。
(7) 监理费报价和费用的组成。
(8) 招标文件要求的其他情况。

2.4.6 监理合同

建设工程监理合同是委托人与监理人就委托的工程项目管理内容签订的明确相互权利、义务关系的有法律效力的协议。《建设工程监理合同（示范文本）》（GF—2012—0202）中把合同分为协议书、通用条件和专用条件三个部分。

1. 协议书

建设工程监理合同是总的纲领性法律文件，是一个总的协议，经双方当事人签字盖章后合同即成立。合同中需要明确和填写的主要内容包括工程概况（工程名称、地点、工程规模、工程等级、总投资、现场条件、开竣工日期），委托人向监理人支付报酬的期限和方式，合同签订、生效、完成时间，双方愿意履行约定的各项义务的表示。

2. 通用条件

建设工程监理合同标准条件，是监理合同的通用性文件，适用于各类建设工程项目监理，委托人和监理人都必须遵守。其内容包括词语定义及合同文件，双方责任、权利和义务，合同生效、变更与终止，监理报酬，争议的解决以及其他。

3. 专用条件

由于通用条件适用于各行各业建设项目的建设工程监理，对于具体建设工程项目监理，某些条款内容已不具有适用性，需要在签订建设工程监理合同时，根据建设工程项目的具体情况和实际要求，对通用条件中的某些条款进行补充和修正。

2.5 开工审批文件

2.5.1 建设工程规划许可证及附件

新开工的项目应列入年度计划，建设单位应向建设行政主管部门和工程规划部门申请开工许可。申请开工的建设项目需办理建设工程规划许可证和建设工程施工许可证。

1. 开工应具备的条件

（1）有经过审批的可行性研究报告和初步设计文件。
（2）已列入国家或地方的年度基本建设计划。
（3）完成了征用土地、拆迁安置工作。
（4）落实了"三通一平"（或"四通一平""五通一平""六通一平""七通一平"）。
（5）施工图纸和原材料物资准备能满足工程施工进度的要求。
（6）办理了施工招标手续，与施工单位签订了施工合同。
（7）选定了建设监理部门，并与监理单位签订了工程施工监理合同。
（8）资金到位，并取得了审计机关出具的开工前审计意见书。
（9）建设项目与市政有关部门协调，落实了配套工程设计并签订了合同。
（10）办理了建设工程规划许可证。
（11）办理了建设工程施工许可证。

根据开工项目应具备的条件，建设单位基本落实前九项的条件，即可申请办理建设工程规划许可证和建设工程施工许可证。

2. 建设工程规划许可证

建设工程规划许可证是建设单位在城市规划区内新建、改建、扩建的建筑物、构筑物、道路、管线和其他工程设施，必须持有相关批准文件向城市规划行政主管部门提出申请，根据城市规划，由城市规划行政主管部门提出规划要求，并审查设计施工图等有关文件、核发的法规性文件。

（1）建设工程规划许可证申报程序

1）建设单位领取并填写规划审批申请表，加盖建设单位和申报单位公章。

2）提交申报建设工程规划许可证要求中所列要求报送的文件和图纸。

3）城市规划行政管理部门填发建设工程规划许可证立案表，作为申报建设工程规划许可证的回执。

4）城市规划行政管理部门进行审查，对不符合规划要求的初步设计提出修改意见，发出修改工程图纸通知书，修改后重新申报。

5）经审查合格的建设工程，建设单位在取件日期内在规划管理单位领取建设工程规划许可证。

6）办理建设工程规划许可证要经过建设单位申请和规划行政管理部门审查批准。

(2) 申报建设工程规划许可证要求报送的文件和图纸

申报时要求报送的文件和图纸主要有：

1) 年度施工任务批准文件。

2) 人防、消防、环保、园林、市政、文物、通信、教育、卫生等有关行政主管部门的审批意见和要求以及取得的协议书。

3) 工程竣工档案登记表。

4) 工程设计图，包括总平面图，各层平、立、剖面图，基础平面图和设计图纸目录。

5) 其他。

(3) 核发建设工程规划许可证

建设工程规划许可证还包括建设工程规划许可证附图与附件。附图与附件由发证机关确定，与建设工程规划许可证具有同等的法律效力。

建设工程规划许可证中除正文外，还规定了应注意的事项：

1) 建设工程放线后，由测绘院、规划行政管理部门验线，合格后方可施工。

2) 与消防、交通、环保、市政等部门未尽事宜，由建设单位负责与有关行政主管部门联系，妥善解决。

3) 建设工程规划许可证发出后 2 年内工程未动工，本许可证自动失效，再需要建设时应向审批机关重新申报，经审核批准后方可动工。

4) 建设工程竣工后应按规定编制工程竣工档案，报送城市建设档案馆。

【例 2-8】建设工程规划许可证及附件。

封面	
中华人民共和国 建设工程规划许可证 ××—规建字—××× 根据《中华人民共和国城市规划法》第三十二条规定，经审定本建设工程符合城市规划要求，准予建设。 特发此证 发证机关×××规划 委员会专用章 日期：××××年××月××日	建设单位：××××房屋开发有限公司 建设项目名称：×××大厦 建设位置：×××市××路××号 建设规模：18659m² 附图及附件名称 本工程建设工程规划许可证附件一份； 本工程设计图一份； 本工程设计留一份。 遵守事项： 一、本证是城市规划区内，经城市规划行政主管部门审定，许可建设各类工程的法律凭证。 二、凡未取得本证或不按本证规定进行建设，均属违法建设。 三、未经发证机关许可，本证的各项规定不得随意变更。 四、建设工程施工期间，根据城市规划行政主管部门的要求，建设单位有义务随时将本证提交查验。 五、本证所需附图及附件由发证机关确定，与本证具有同等法律效力。

建设工程规划许可证附件

（×××规划委员会专用章）

建设工程

建设单位：××××房屋开发有限公司　　　　　　建设单位：××-规建字-×××

建设位置：×××市××路××号　　　　　　　　图幅号××-10

建设单位联系人：×××　　　　　　　　　　　　电话：×××××××

发件日期：××××年××月××日

建设项目名称	建设规模/m²	层数		高度/m	栋数	结构类型	造价/万元	备注
		地上	地下					
×××大厦	18659	19	2	61.8	1	框架	￥2687.68	

说明：

1. 本附件与建设工程规划许可证具有同等效力。

2. 遵守事项见建设工程规划许可证。

注意事项：

1. 本工程放线完毕，请通知×××规划局、×××测绘院验线无误后方可施工。

2. 有关消防、绿化、交通、环保、市政、文物等未尽事宜，应由建设单位负责与有关主管部门联系，妥善解决。

3. 设计责任由设计单位负责。按规定允许非正式设计单位设计工程，其设计责任由建设单位负责。

4. 本建设工程规划许可证及附件发出后，因年度建设计划变更或因故未建满两年者，建设工程规划许可证及附件自行失效。需建设时，应向审批机关重新申报，经审核批准后方可施工。

5. 凡属按规定应编制竣工图的工程，必须按照国家编制竣工图的有关规定编制竣工图，送城市建设档案部门备案。

2.5.2　建设工程施工许可证申请表

建设工程开工前，建设单位应当按照国家有关规定向工程所在地建设行政主管部门申请领取施工许可证。建设单位在取得建设工程规划许可证和其他有关行政主管部门的批准文件后，向建设行政主管部门提出申请开工报告，填报建设工程开工审批表，由建设行政主管部门审查批准，核发建设工程施工许可证。

建设工程施工许可证申请表，是指新建、改建、扩建项目在工程正式动工前，对具备了开工条件的建设项目，由建设单位向建设行政主管部门提出开工的申请。填写工程开工审批表，一般由建设单位会同施工单位共同办理，其基本内容包括：

（1）建设工程概况。
（2）可行性研究报告和初步设计的批准文件。
（3）列入年度建设计划。
（4）完成了施工现场准备，完成了"三通一平"、测量放线等工作。
（5）施工材料、物资准备基本就绪，建筑材料、施工机具等已做好准备，开工必备的物资已进场。
（6）施工技术准备完成了施工图设计和施工组织设计。
（7）组织准备已建立了项目组织机构和项目管理规划。
（8）资金准备已出具证明文件，审计部门出具了审计证明。
（9）与施工单位签订了施工合同。
（10）与监理单位签订了监理合同。
（11）其他。

2.5.3　建设工程施工许可证

建设单位准备好应当提供的各种文件材料到建设行政主管部门办理建设工程施工许可证。建设行政主管部门应当自收到申请之日起 15 日内，对符合条件的申请者发给建设工程施工许可证。

1. 审批建设工程施工许可证

建设行政主管部门及有关部门接到工程开工审批表后，要进行逐项认真审查、核实，确定是否具备了开工条件。基本建设大中型项目批准开工之前，国家发展和改革委员会或委托有关部门派人到现场检查落实开工条件，凡未达到开工条件的，不予批准。小型项目的开工审批工作按各地区、各部门制定的具体办法办理。

2. 核发建设工程施工许可证

建设工程施工许可证是新建、改建、扩建工程开工必备的依据性文件，开工的建设项目经审查具备开工条件后，由具有审批权限的建设行政主管部门核发建设工程施工许可证。

建设单位应当自领取施工许可证之日起 3 个月内开工。因故不能按期开工，应当向发证机关申请延期。延期以两期为限，每次不超过 3 个月。因故不能按期开工超过 6 个月的，应当重新办理开工报告的审批手续。

【例2-9】建设工程施工许可证

<table>
<tr><td colspan="2">

中华人民共和国
建设工程施工许可证

建开字［××××］第×××号

根据《中华人民共和国建筑法》第八条规定，经审查，本建设工程符合施工条件，准予施工。

×××建设委员会
（建设工程开工审批专用章）
××××年×月×日

</td></tr>
</table>

建设单位	×××房地产开发有限公司		
建设项目	城中花园5号楼		
建设地点	××路		
建筑面积	4875.71m²	合同价格	250万元
设计单位	×××设计院		
施工单位	××建筑安装公司		
监理单位	×××建设监理公司		
合同开工日期		合同竣工日期	
备注：总监：×××			

遵守事项：

一、本证是本市行政区域内各类房屋建筑工程开工的合法依据，无本证开工的建筑工程均属违法建设；

二、本证内容未经发证机关批准不得擅自更改；

三、建设单位有义务向有权检查部门出示本证；

四、本证自签发之日起3个月内未开工的，应向发证机关申请延期；超过6个月未开工的，应当重新办理开工报告审批手续。

2.5.4 各种建设费用

建设单位应交纳的各种建设费用主要包括：
（1）人防专项基金。
（2）墙改专项基金。
（3）散装水泥专项基金。
（4）劳保统筹。
（5）质量监督费。
（6）防雷监督费。
（7）白蚁防治费。
（8）城市配套费。
（9）其他相关的费用。

建设单位按照有关规定交纳各种建设费用后，方可办理建设工程施工许可证。

2.6 工程质量监督手续

2.6.1 建设工程质量监督报监备案登记

凡由市建委审批开工的建设工程，建设单位应在开工前到市建设工程质量监督部门办理工程质量监督手续。由区（县）建设行政主管部门审批开工的建设工程，建设单位应在开工前到区（县）建设工程质量监督站办理工程质量监督注册手续。

办理工程质量监督注册手续时，建设单位应提供下列文件资料：

（1）建设工程规划许可证。
（2）建设工程开工审查表。
（3）勘察、设计单位资质等级证书和工程勘察设计文件。
（4）施工图审查批准书。
（5）监理单位资质登记证书以及工程监理通知书。
（6）外埠进京施工企业承包工程施工证。
（7）中标通知书和建设单位与施工企业签订的施工合同。

建设单位在提交上述文件后，方可办理监理注册登记并填写建设工程质量监督注册登记表，由监督注册部门审查符合要求后，当即办理监督注册手续，指定监督机构并发出工程质量监督通知书。然后在建设工程开工审查表及建设工程质量监督注册登记表的规定栏目内加盖监督机构专用章。

【例 2-10】 建设工程质量监督注册登记表

\multicolumn{7}{c}{×××市建设工程质量监督站 建设工程质量监督注册登记表}						
工程概况	工程名称	××花园×号楼		工程地点		××路
	建筑面积（其中人防面积 m^2）	138000	结构类型	框架	层数	6层
	预计开工竣工日期	××××年×月××日 ××××年×月××日	工程总造价/万元		收取管理费	
			工程监理费/万元			
	规划许可证号			工程图		
建设单位	名称			工程负责人		电话
	地址			经办人		电话
施工单位	名称			企业等级		证号
	地址			技术负责人		电话
设计单位	名称			资质等级		证号
	地址			设计负责人		电话

续表

监理单位	名称		资质等级		证号	
	地址		负责人		电话	
监督项目		土建、水电				
指定监督单位		××市建设工程质量监督站 （盖章） ××××年××月××日 经办人：×××				

【例 2-11】 工程质量监督通知书

×××建设工程质量监督站
工程质量监督通知书

No. ×××××

监督站××室（组）：

经研究决定××××开发有限公司（单位），位于×××市××街××号的×××工程由你室（组）办理质量监督管理手续，请接洽。

×××市建设工程质量监督站
××××年××月××日

2.6.2 见证取样和送检见证人备案书

为了加强建设工程质量管理和监督，每个单位工程必须有 1~2 名取样和送检见证人，见证人由施工现场监理人员或由建设单位委派具有一定试验知识的专业技术人员担任。见证人确定后，建设单位根据建设工程质量监督的有关规定，向工程质量监督机构办理见证取样和送检见证人备案书，一式四份（质量监督机构、质量检测实验室、施工单位、见证人各一份）。工程竣工后备案书存入工程档案。见证人和送检单位对送检试验样品的真实性和代表性负法定责任。

【例 2-12】

见证取样和送检见证人备案书

×××市建设工程质量监督站

××××××检测中心（实验室）

我单位决定由 ×××同志担任 ××× 工程见证取样和送检见证人。

有关的印章和签字如下，请查收备案。

见证取样和送检印章	见证人签字

        建设单位名称（盖章）：××房地产开发有限责任公司
                ××××年××月××日
        监理单位名称（盖章）：×××市建设监理公司
                ××××年××月××日
        施工项目负责人签字：
                ××××年××月××日

2.6.3 见证取样试验

  在施工过程中，见证人根据见证取样的有关规定，按见证取样和送检计划对施工现场的取样和送检进行见证，并在试样上作出标识、封志。试验委托单上应有见证人和送检人签名。试验委托单从实验室领取，由见证人保管使用。实验室在检查确认试样上作出标识、封志和试验委托单见证人的签名无误后方可进行试验，否则应拒绝试验。
  见证取样和送检项目的试验报告应有见证人姓名（必须与委托单上姓名一致，并由实验室人员填写），同时加盖有见证取样章。
  未按见证取样规定送检的材料试验项目，其试验报告视为无效，其工程质量应由法定检测单位进行检测确定，检测费用由责任方承担。
  各种有见证取样和送检试验资料必须真实、完整。对伪造、涂改、抽换、丢失试验资料等行为的责任单位和责任人，依法追究其责任。
  【例2-13】见证取样送检材料试验委托单一式两份（一份随试样送实验室，一份存根）。

见证取样送检材料试验委托单				
委托单位	×××建筑工程有限公司			
工程名称	×××工程			
工程结构	框架结构			
材料名称	混凝土			
代表部位	四层梁板梯			
见证取样日期	××××年×月××日			
见证送检日期	××××年×月××日			
送检人（签名）	×××		电话	
见证人（签名）	×××		电话	

2.7 财务文件

财务文件由工程投资估算、工程设计概算、施工图预算、施工预算、工程决算等方面构成。

2.7.1 工程投资估算资料

投资估算是投资决策阶段的项目建议书，它包括从工程筹建到竣工验收、交付使用所需的全部费用。具体包括建筑安装工程费，设备、工器（具）购置费，工程建设其他费用，预备费，固定资产投资方向调节税，建设期贷款利息等。投资估算由建设单位编制或委托设计单位（或咨询单位）编制，主要依据相应建设项目投资估算招标，参照以往类似工程的造价资料编制。它对初步设计的概算和工程造价起控制作用。

1. 建筑安装工程费

建筑安装工程费，是指建设单位为从事该项目建筑安装工程所支付的全部生产费用，包括直接用于各单位工程的人工、材料、机械使用费，其他直接费以及分摊到各单位工程中的管理费及利税（利润和税收）。

2. 设备、工（器）具购置费

设备、工（器）具购置费，是指建设单位按照建设项目设计文件要求而购置或自备的设备及工（器）具所需的全部费用，包括需要安装与不需要安装设备及未构成固定资产的各种工具、器具、仪器、生产家具的购置费用。

3. 工程建设其他费用

工程建设其他费用，是指除上述费用以外，根据有关规定在固定资产投资中支付，并列入建设项目总概算或单项工程综合概算的费用。

4. 预备费

预备费，是指初步设计和概算中难以预料的工程和费用。其中包括实行按施工图概算加系数包干的概算包干费用。

2.7.2 工程设计概算书

初步设计阶段，设计单位根据初步设计规定的总体布置及单项工程的主要建筑结构和设备清单来编制建设项目总概算。设计概算经批准后是确定建设项目总造价、编制固定资产投资计划、签订建设项目贷款总合同的依据，也是控制建设项目基本建设拨款、考核设计经济合理性的依据。

2.7.3 工程施工图预算书

工程项目招标投标阶段,根据施工图设计确定的工程量编制施工图预算。招标单位(或委托单位)编制的施工图预算是确定标底的依据,投标单位编制的施工图预算是确定报价的依据,标底、报价是评标、决标的重要依据。施工图预算经审核后,是确定工程概算造价、签订工程承包合同、实行建筑安装工程造价包干的依据。

2.7.4 工程决算书

工程决算书,是建设单位按照国家有关规定编制的竣工决算报告。竣工决算是竣工验收文件的重要组成部分。工程决算是建筑安装企业完成工程任务后向建设单位办理的工程款最终数额的计算。对于包干范围以外的设计变更,国家规定的材料、设备价格调整,不可抗力的灾害损失等,在工程竣工结算时根据双方签订的资料据实结算价款。

2.8 工程竣工验收文件

2.8.1 工程概况表

工程概况表主要内容详见表 2-3。

工程概况表   表 2-3

建设单位	××房地产开发有限责任公司	项目批准文件	—
工程名称	×××工程	建筑面积	9818.29m^2
结构类型	框架结构	层数	地上层数:六层
监理单位	××市建设监理公司	资质等级	甲级
勘察单位	××市水利勘测公司	资质等级	甲级
设计单位	××市规划设计院	资质等级	甲级
施工单位	××市建筑安装公司	资质等级	甲级
开工日期	××××年×月×日	竣工日期	××××年×月×日
监理单位负责人	×××	总监理工程师	×××
建设单位负责人	×××	驻工地代表	×××
施工单位负责人	×××	技术负责人	×××

续表

结构及装修概况	基础	筏形基础
	主体结构	框架结构
	屋面	保温层、找平层、SBS改性沥青防水卷材层
	楼、地面	大部分为现浇水磨石,部分为细石混凝土地面和防静电地板
	门、窗	平开门、推拉窗
	外装饰	涂料
	内装饰	乳胶漆
	水、暖、卫	—
	电气	—
附注		—

复核人:×××　　　　　　　　　　　　　　　　　　　　　　　　填表人:×××

2.8.2　建设工程施工质量验收

为了加强建筑工程施工质量管理,统一建筑工程施工质量验收标准,保证工程质量,住房和城乡建设部在《建筑工程施工质量验收统一标准》GB 50300—2013 中对建筑工程施工质量验收作了明确的规定(本节主要讲解建筑工程施工质量验收,其他工程的施工质量验收可参照此部分内容)。

1. 建筑工程质量验收的划分与质量验收

(1) 建筑工程质量验收的划分

1) 建筑工程施工质量验收应划分为单位(子单位)工程、分部(子分部)工程、分项工程和检验批。

2) 单位(子单位)工程的划分应按原则确定:

① 具备独立施工条件并能形成独立使用功能的建筑物及构筑物为一个单位工程。

② 建筑规模较大的单位工程,可将其能形成独立使用功能的部分划分为一个子单位工程。

3) 分部(子分部)工程的划分应按原则确定:

① 分部工程的划分应按专业性质、建筑部位确定。

② 当分部工程较大或较复杂时,可按材料种类、施工特点、施工程序、专业系统及类别等划分为若干个子分部工程。

4) 分项(子分项)工程应按主要工种、材料、施工工艺、设备类别等进行划分。

5) 分项(子分项)工程可由一个或若干检验批组成,检验批可根据施工及质量控制和专业验收需要按楼层、施工段、变形缝等进行划分。

(2) 建筑工程质量验收

1) 检验批质量验收合格应符合下列规定:

① 主控项目和一般项目的质量经抽样检验合格。

② 具有完整的施工操作依据、质量检查记录。

2) 分项（子分项）工程质量验收合格应符合下列规定：
① 分项工程所含的检验批均应符合合格质量的规定。
② 分项工程所含的检验批的质量验收记录应完整。
3) 分部（子分部）工程质量验收合格应符合下列规定：
① 分部（子分部）工程所含分项工程的质量均应验收合格。
② 质量控制资料应完整。
③ 地基与基础、主体结构和设备安装等分部（子分部）工程有关安全及功能的检验和抽样检测结果应符合有关规定。
④ 观感质量验收应符合要求。
4) 单位（子单位）工程质量验收合格应符合下列规定：
① 单位（子单位）工程所含分部（子分部）工程质量均应验收合格。
② 质量控制资料应完整。
③ 单位（子单位）工程所含分部（子分部）工程有关安全及功能的检测资料应完整。
④ 主要功能项目的抽查结果应符合相关专业质量验收规范的规定。
⑤ 观感质量验收应符合要求。
(3) 当建筑工程质量不符合要求时，应按下列规定进行处理：
1) 经返工重做或更换器具、设备的检验批，重新进行验收。
2) 经有资质的检测单位检测鉴定能够达到设计要求的检验批，应予以验收。
3) 经有资质的检测单位检测鉴定达不到设计要求，但经原设计单位核算认可能够满足结构安全和使用功能的检验批，可予以验收。
4) 经返修或加固处理的分项（子分项）、分部（子分部）工程，虽然改变外形尺寸但仍然满足安全使用要求，可按技术处理方案和协商文件进行验收。
(4) 通过返修或加固处理仍不能满足安全使用要求的分部（子分部）工程、单位（子单位）工程，严禁验收。

2. 建筑工程质量验收程序和组织

(1) 检验批及分项（子分项）工程应由监理工程师（建设单位项目技术负责人）组织施工单位项目专业质量（技术）负责人等进行验收。

(2) 分部（子分部）工程应由总监理工程师（建设单位项目负责人）组织施工单位项目负责人和质量（技术）负责人等进行验收。对地基与基础、主体结构分部工程，勘察、设计单位工程项目负责人和施工单位技术、质量部门负责人也应参加相关分部（子分部）工程的验收。

(3) 单位（子单位）工程完工后，施工单位应自行组织有关人员进行检查评定，并向建设单位提交工程验收报告。

(4) 建设单位收到工程验收报告后，应由建设单位（项目）负责人组织施工单位（含分包单位）及设计、监理等单位（项目）负责人进行单位（子单位）工程验收。

(5) 单位（子单位）工程有分包单位施工时，分包单位对所承包的工程项目应按本程序检查评定，总包单位派人参加。分包工程完成后，应将工程有关资料交总包单位。

(6) 当参加验收各方对工程质量验收意见不一致时，可请当地建设行政主管部门或工程质量监督机构协调处理。

(7) 单位（子单位）工程质量验收合格后，建设单位应在规定的时间内将工程竣工验收报告和有关文件报建设行政主管部门备案。

3. 建设工程竣工验收报告

在工程竣工验收合格后，建设单位提供的工程竣工验收报告应当包括工程开工及竣工的时间，施工许可证号，施工图及设计文件审查意见，建设、设计、勘察、监理、施工单位分别签署的质量合格文件及验收人员签署的竣工验收原始文件，有关工程质量的检测资料以及备案管理部门认为需要提供的有关资料。

2.8.3 建设工程竣工验收备案管理

1. 工程竣工验收备案的范围

凡在中华人民共和国境内从事建设工程的新建、改建、扩建等有关活动及实施对建设工程质量监督管理的竣工工程，都需要进行竣工验收备案。

竣工验收备案管理工作，一般由市、区（县）两级建设行政主管部门委托市、区（县）两级监督机构，按现行的工程质量监督规范，具体负责房屋建筑工程和市政基础设施工程的竣工验收备案工作。工程竣工验收后，由建设单位向工程竣工验收备案管理部门申请办理竣工验收备案工作。

2. 竣工验收备案文件

建设单位办理工程竣工验收备案应当提交下列文件：

(1) 建设工程竣工验收备案表。
(2) 建设工程竣工验收报告。
(3) 法律、法规规定应当由规划、消防、环保等部门出具的认可文件或者准许使用文件。
(4) 房屋建筑工程质量保修书，商品住宅工程还应同时提供该房地产开发企业签署的住宅质量保证书和住宅使用说明书。
(5) 有关法律、法规规定必须提供的其他文件。

3. 备案程序

(1) 单位工程竣工验收 5 日前，建设单位到设立在承接监督该工程的监督站工程竣工验收备案管理部门领取建设工程竣工验收备案表。

同时，建设单位将竣工验收的时间、地点及验收组名单和各项验收报告报送负责监督该项工程的质量监督部门，准备对该工程竣工验收进行监督。

(2) 自工程竣工验收合格之日起 15 个工作日内，建设单位将建设工程竣工验收备案表一式两份和竣工验收备案文件报送工程竣工验收备案管理部门，经备案工作人员初审验证符合要求后，在表中备案意见栏加盖"备案文件收讫"章。

(3) 工程质量监督部门在工程竣工验收合格后 5 个工作日内，向工程竣工验收备案管理部门报送工程质量监督报告。

(4) 备案管理机构负责人审阅建设工程竣工验收备案表和备案文件，符合要求后，在表中备案管理部门处理意见栏填写"准予该工程竣工验收备案"意见，加盖"工程竣工验收备案专用章"。监督管理费结算完毕后，备案管理部门将备案表一份发给建设单位，一份备案表及全部备案资料和工程质量监督报告留存档案。

(5) 建设单位报送的建设工程竣工验收备案表和竣工验收备案文件如不符合要求的,备案工作人员应填写备案审查记录表,提出备案资料存在的问题,双方签字后,交建设单位修改。

(6) 建设单位根据规定对存在的问题进行整改和完善,符合要求后重新报送备案管理部门备案。

(7) 备案管理部门依据工程质量监督报告或其他方式发现在工程竣工过程中存在有违反国家建设工程质量管理规定行为的,应当在收讫工程竣工验收文件15个工作日内,责令建设单位停止使用,并重新组织竣工验收。建设单位在重新组织竣工验收前,工程不得自行投入使用,违者按有关规定处理。

(8) 建设单位采用虚假证明文件办理竣工验收备案,工程竣工验收无效,备案管理部门应责令停止使用,重新组织竣工验收,并按有关规定进行处理。

(9) 建设单位在工程竣工验收合格后15日内未办理工程竣工验收备案,备案管理部门应责令其限期改正,并按有关规定处理。

4. 竣工备案流程图(图2-3)

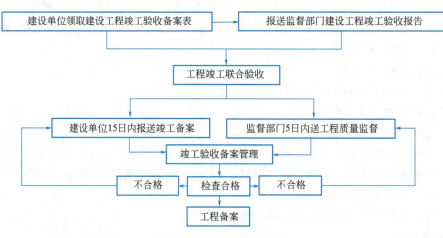

图2-3 竣工备案流程图

2.8.4 建设工程竣工验收备案表

1. 建设工程竣工验收备案表填表说明

(1) 封面

1) 编号:由工程竣工验收备案部门负责统一编写。

2) 工程名称:填写全称。与建设工程规划许可证、建筑工程施工许可证、建设工程质量监督注册登记表的名称一致。

3) 建设单位:与建设工程规划许可证、建设工程施工许可证、工程质量监督注册登记表的名称相符。

(2) 建设工程竣工验收备案表第一页内容

1) 工程名称:同封面名称。

2）工程地址：填写邮政地址，写明区（县）街道门牌号码。

3）工程规模：建筑工程填写竣工建筑面积，市政、公用等工程填写工程实际造价。若竣工时超出规划允许偏差面积时，要补办规划手续，并附上补办的规划手续。

4）工程类别：公用或民用等。

5）结构类型：按实际情况填写。

6）规划许可证号：按工程规划许可证号码填写。

7）施工许可证号：按工程施工许可证号码填写。

8）监督注册号：按建设工程质量监督注册登记表的号码填写。

9）单位名称和负责人：建设单位、勘察单位、设计单位、施工单位、监理单位的名称均用法人单位名称，负责人即法人代表的姓名。监督部门填写监督室、站名称；负责人填写室、站负责人的姓名。

10）备案理由栏：在建设单位处加盖法人单位公章，负责人处法人代表签字。

11）报送时间：填写建设工程竣工验收备案表和工程验收备案资料初步验收符合要求的日期。

(3) 建设工程竣工验收备案表第二页内容

表内的竣工验收意见：勘察单位意见、设计单位意见、施工单位意见、监理单位意见、建设单位意见均要有结论性评语。如：

1）勘察单位意见：××××工程地基为我院勘察，勘察报告标号为××××—××××，经验槽槽底土质为××××土，与勘察报告相符。基底局部处理意见见洽商××××号，同意竣工验收。

2）设计单位意见：××××工程为我院设计，现已施工完毕，经检查施工符合设计图纸和工程洽商要求，同意竣工验收。

3）施工单位意见：××××工程已按设计图纸及变更洽商和施工合同完成，符合国家施工验收规范及标准，工程质量等级自评为合格，同意竣工验收。

4）监理单位意见：××××工程为我公司监理，该工程施工符合设计图纸及变更洽商和国家施工验收规范及标准，工程质量等级为合格，同意竣工验收。

5）建设单位意见：××××工程经我单位组织勘察、设计、施工、监理单位共同检查，满足设计要求，符合国家规范及标准要求，工程质量等级为合格，同意竣工验收。

以上各栏中签字可以是单位负责人，也可以是项目负责人，签字后加盖公章。

(4) 建设工程竣工验收备案表第三页内容

1）竣工验收备案文件清单：由建设单位提供。

2）份数栏：由建设单位填写。

3）验证情况：由备案经办人员填写，符合要求的加盖"符合要求"章。

4）备注栏：由备案经办人员填写。

5）备案意见：由备案室备案经办人填写备案文件收讫的日期，加盖"备案文件收讫"章。

6）备案管理部门负责人：由备案室主任签字。

7）经办人：由备案室备案经办人签字。

8）日期：备案管理部门负责人签字的时间，备案以此日期为准。

9）公章：加盖备案管理部门竣工验收备案专用章。

（5）建设工程竣工验收备案表第四页内容

备案管理部门处理意见：由备案室主任签署同意备案的意见后，填写日期，加盖工程竣工验收备案专用章。

（6）总体填写要求

1）建设工程竣工验收备案表一律用钢笔、墨笔填写。

2）字迹清楚，字体工整。

3）所有签字栏，一律由本人手写签字，不得代签。所填内容必须真实、准确，不得随意涂改。

2. 竣工验收备案文件说明

（1）×××市城市规划管理局颁发的建设工程规划许可证及其他规划批复文件。

（2）施工图、设计文件审查报告。

（3）工程质量监督手续：

由×××市建设工程质量监督总站或区（县）监督站、专业监督站办理的建设工程质量监督注册备案表。

（4）工程施工许可证或开工报告

×××市建设主管部门颁发的建筑工程施工许可证。

按照国务院规定的权限和程序批准开工的为开工报告。

（5）公安消防部门出具的认可（批准）使用文件

由×××市消防局对该工程的消防工程验收合格后签发的×××市建筑工程消防验收意见书或批复报告。

（6）环保部门出具的认可（准许）使用文件

工厂、车间、住宅小区、商店、宾馆、饭店等由×××市环境保护局或区（县）环保局出具环境影响报告书或批复报告。

（7）卫生部门出具的认可（准许）使用文件

公共或民用建筑工程中，涉及生活饮用水的项目，要有卫生部门出具的《水质检验报告》。

（8）质量合格文件

1）勘察部门对地基及处理的验收文件

隐蔽工程检查记录中的地基验槽记录，建设、勘察、设计、监理、施工单位签字要齐全，无未了事项。

2）单位工程验收记录

由建设单位组织勘察、设计、监理、施工单位在工程竣工验收合格后签署的单位工程验收记录各方签字要齐全，并加盖单位公章（提供原件）。

3）施工单位自评记录

施工单位自评记录，包括单位（子单位）工程安全和功能检验资料核查及主要功能抽查记录、单位（子单位）工程观感质量检查记录及室内环境检测报告。

4）监理部门签署的竣工移交证书

依据《×××市工程建设监理规程》，由建设、监理单位共同办理竣工移交手续，竣工移交证书由总监理工程师和建设单位代表签字，双方加盖公章。

(9) 地基与基础、结构工程验收记录及检测报告

包括基础结构工程验收记录、主体结构工程验收记录。建设、设计、监理、施工单位四方签字齐全，并加盖单位公章。

按照国家规范要求，进行检测的应提交检测报告。如复合地基要有复合地基检测报告，对工程因质量问题实施的检测，备案时要有检测报告。

(10) 工程竣工验收报告

1) 设计单位提供的工程质量检查报告。
2) 勘察单位提供的工程质量检查报告。
3) 监理单位提供的工程质量检查报告。
4) 施工单位提供的工程竣工报告。
5) 建设单位提供的单位工程竣工验收报告。

以上报告要经项目负责人签字，并加盖公章。

(11) 工程质量保修书

按照《建设工程质量管理条例》，建设单位和施工单位共同签署房屋建筑工程质量保修书，其内容包括：

1) 质量保修范围：包括地基基础工程，主体结构工程，屋面防水工程，有防水要求的卫生间、房间和外墙的防渗漏，供热与供冷系统，电气管线，给水排水管道，设备安装和装修工程，以及双方约定的其他项目。

2) 质量保修期：双方要根据《建设工程质量管理条例》规定，约定工程的质量保修期。

3) 质量保修责任。
4) 保修费用。
5) 其他。

(12) 住宅质量保证书

住宅质量保证书由建设单位编写，其内容包括：

1) 工程质量监督部门核检的质量等级。
2) 在正常使用条件下，建设工程的最低保修期限为：

① 基础设施工程、房屋建筑的地基基础工程和主体结构工程，为设计文件规定的该工程的合理使用年限。

② 屋面防水工程、有防水要求的卫生间、房间和外墙面的防渗漏为 5 年。

③ 电气管线、给水排水管道、设备安装和装修工程为 2 年。

④ 墙面、顶棚抹灰层脱落为 1 年。

⑤ 地面空鼓开裂、大面积起砂为 1 年。

⑥ 门窗翘裂、五金件损坏为 1 年。

⑦ 管道堵塞为 2 个月。

⑧ 供热与供冷系统和设备为 2 个供暖期、供冷期。

⑨ 卫生洁具为 1 年。

⑩ 灯具、电器开关为 6 个月。

⑪其他部位保修期限，由房地产开发企业与用户自行约定。

（13）住宅使用说明书

住宅使用说明书由建设单位编写，应当对住宅的结构、性能和各部位（部件）的类型、性能、标准等作出说明，并提出使用注意事项。一般应当包括以下内容：

1）开发单位、设计单位、施工单位，委托监理的应注明监理单位。

2）结构类型。

3）装修、装饰注意事项。

4）上水、下水、电、燃气、热力、通信、消防等设施配置的说明。

5）有关设备、设施安装预留位置的说明和安装注意事项。

6）门、窗类型，使用注意事项。

7）配电负荷。

8）承重墙、保温墙、防水层、阳台等部位注意事项的说明。

9）其他需说明的问题。

10）住宅中的设备、设施，生产厂家另有使用说明书的，应附于住宅使用说明书中。

（14）其他文件

凡属需要说明、报告的其他事项，不能归到前13项资料中的，可归纳在"其他文件"。

3. 备案文件要求

（1）所有备案文件应由建设单位收集、整理，符合要求后由建设单位报送备案。

（2）备案文件要求真实、有效，不得提供虚假证明文件。

（3）备案文件要求提供原件。如为复印件应注明原件存放单位，复印人签名，日期，并加盖建设单位公章。复印件应清晰、整洁，无黑斑、歪斜等缺陷。

（4）文件规格尺寸为 A4（297mm×210mm），左部预留尺寸 30mm，上部预留尺寸 25mm。

2.8.5　建设工程竣工验收备案证书

【例 2-14】建设工程竣工验收备案证书

××市建设工程竣工验收备案证书

××建备××××年×××号

××市××房地产开发有限责任公司

你单位所建设的×××工程建设符合国家有关法律、法规和工程建设强制性标准，工程竣工验收备案文件收讫，文件齐全，准予备案。

特发此证

（发证单位）

××××年××月××日

工程竣工实况

工程全称：×××工程
详细地点：××路
结构类型：框架　　　　　　地上层数：六层；地下层数：1层
工程造价：248万元　　　　 建筑面积：5175.29m²
实际开工日期：××××年×月×日
实际竣工日期：××××年×月×日
建设单位：××市房地产开发有限责任公司
监理单位：××市建设监理公司
勘察单位：××市水利勘测公司
设计单位：××市规划设计院
施工单位：××市建筑安装公司
建设或监理单位驻工地负责人：×××、×××　项目经理：×××
项目监督工程师：×××　经办人：×××　审核人：×××
备注：

　　1. 本证系根据《建设工程质量管理条例》《房屋建筑工程和市政基础设施工程竣工验收备案管理暂行办法》制发，作为工程竣工验收备案的法律凭证，任何单位和个人不得翻印。

　　2. 本证书由省建设厅认定的各级工程质量监督机构核发；证书复印件需经原核发单位加盖公章，否则无效。

　　3. 本证书所列内容，均应用钢笔、毛笔认真填写或打印机打印，不得涂改。

实训任务

依据现行工程资料管理标准，结合给定工程项目资料，学习决策立项阶段、建设用地、征地、拆迁、勘察、测绘、设计、招标投标等文件的组成及内容，并根据要求模拟完成相关证件的申请及相关资料的提纲编制，也可收集完成资料并进行分类归档。

2.3 《建筑工程施工质量验收统一标准》（GB 50300—201

思考与练习

一、单选题

1. 根据国家下达的前期工作计划，经国务院主管部门和省、自治区、直辖市发展和改革委员会审查批准提出项目建议书的建设项目，发出（　　）。
　　A. 可行性研究报告　　　　　　B. 前期工作通知书
　　C. 建设用地规划许可证　　　　D. 开工许可证

2. （　　）经过正式批准后，建设项目即正式立项。
   A. 可行性研究报告　　　　　　　B. 前期工作通知书
   C. 建设用地规划许可证　　　　　D. 开工许可证

3. 规划管理部门根据城市总体规划的要求和建设项目的性质、内容以及选址定点时初步确定的用地范围界线，提出规划设计条件，核发（　　）。
   A. 可行性研究报告　　　　　　　B. 前期工作通知书
   C. 建设用地规划许可证　　　　　D. 开工许可证

4. 规划行政主管部门应当在收到验线申请后（　　）个工作日内组织验线。经验线合格的方可施工。
   A. 2　　　　B. 3　　　　C. 5　　　　D. 7

5. 建设工程施工招标投标程序与设计招标投标程序基本相同，一般程序为①招标准备阶段②招标投标阶段③决标阶段，顺序正确的是（　　）。
   A. ①②③　　B. ①③②　　C. ③②①　　D. ②①③

6. 新开工的项目应列入年度计划，建设单位应向建设行政主管部门和工程规划部门申请（　　）。
   A. 立项会议　　　　　　　　　　B. 工程质量监督手续
   C. 建设用地规划许可证　　　　　D. 开工许可

7. 建设行政主管部门应当自收到申请之日起（　　）日内，对符合条件的申请者发给施工许可证。
   A. 3　　　　B. 7　　　　C. 15　　　　D. 28

8. 建设单位应当自领取施工许可证之日起（　　）个月内开工。因故不能按期开工，应当向发证机关申请延期。
   A. 1　　　　B. 2　　　　C. 3　　　　D. 6

9. 凡由市建委审批开工的建设工程，建设单位应在开工前到市建设工程质量监督部门办理（　　）。
   A. 立项会议　　　　　　　　　　B. 工程质量监督手续
   C. 建设用地规划许可证　　　　　D. 开工许可

10. 为了加强建设工程质量管理和监督，每个单位工程必须有（　　）名取样和送检见证人，见证人由施工现场监理人员或由建设单位委派具有一定试验知识的专业技术人员担任。
    A. 1　　　　B. 2　　　　C. 1~2　　　　D. 2~3

11. 单位工程竣工验收（　　）日前，建设单位到设立在承接监督该工程的监督站工程竣工验收备案管理部门领取建设工程竣工验收备案表。
    A. 3　　　　B. 5　　　　C. 7　　　　D. 15

12. 自工程竣工验收合格之日起（　　）个工作日内，建设单位将建设工程竣工验收备案表一式两份和竣工验收备案文件报送工程竣工验收备案管理部门，经备案工作人员初审验证符合要求后，在表中备案意见栏加盖"备案文件收讫"章。
    A. 3　　　　B. 5　　　　C. 7　　　　D. 15

13. 建设单位在工程竣工验收合格后（　　）日内未办理工程竣工验收备案，责令其限期改正,并按有关规定处理。

A. 3　　　　　　B. 5　　　　　　C. 7　　　　　　D. 15

二、多选题

1. 决策立项阶段主要是完成建设项目正式立项的一系列工作。这个阶段主要包括的资料有（　　）等文件。

A. 项目建议书　　　　　　　　　B. 可行性研究和可行性研究报告
C. 建设用地规划许可证　　　　　D. 开工许可证
E. 立项审批

2. 建设单位根据批复的可行性研究报告,召开立项会议,其归档文件有（　　）等。

A. 项目建议书　　　　　　　　　B. 可行性研究报告
C. 专家对项目的有关建议文件　　D. 开工许可证
E. 计划部门批准的设计任务

3. 征用土地应严格按照国家规定的基本建设程序和审批权限办理。办理程序包括（　　）。

A. 建设用地申请　　　　　　　　B. 协商征地数量和补偿安置方案
C. 划拨土地　　　　　　　　　　D. 开工许可证
E. 核发国有土地使用证

4. 对于城市基本建设勘察来说,一般多采用（　　）等。

A. 地勘　　　　B. 槽探　　　　C. 井探　　　　D. 物探
E. 实验室试验

5. 城市工程地质勘察一般分为哪几个阶段（　　）。

A. 选址勘察阶段　　　　　　　　B. 初步勘察阶段
C. 详细勘察阶段　　　　　　　　D. 施工勘察阶段
E. 实验室试验

6. 在招标方式、合同类型、发包数量确定后,建设单位应组织编写招标有关文件包括（　　）。

A. 招标公告　　　　　　　　　　B. 资格预审文件
C. 招标文件　　　　　　　　　　D. 标底
E. 合同

7. 财务文件由（　　）等方面构成。

A. 工程投资估算　　　　　　　　B. 工程设计概算
C. 施工图预算　　　　　　　　　D. 施工预算
E. 工程决算

8. 建筑工程施工质量验收应划分为（　　）。

A. 单项工程　　　　　　　　　　B. 单位（子单位）工程
C. 分部（子分部）工程　　　　　D. 分项工程
E. 检验批

三、判断题

1. 建设单位接到前期工作通知书后,便着手进行建设项目的招标工作。（　　）

2. 建设单位的工程项目选址申请经城市规划管理部门审查，符合有关法规标准的，及时收取申请人申请材料，填写选址规划意见通知书两份。（   ）

3. 工程地质勘察报告的内容分为文字和图表两部分。（   ）

4. 工程设计阶段的工程测量，按工作程序和作业上有地形测量和拨地测量。（   ）

5. 一般建设项目实行三阶段设计，即初步设计、技术设计和施工图设计。（   ）

6. 中标单位确定后，招标单位向中标单位发出通知书，然后招标单位与中标的施工单位签订施工合同。（   ）

7.《建设工程施工合同（示范文本）》GF—2017—0201 中把合同分为协议书、通用条款、专用条款三个部分。（   ）

8.《建设工程监理合同（示范文本）》GF—2012—0202 中把合同分为建设工程监理合同、建设工程监理合同标准条件两个部分。（   ）

9. 试验委托单从实验室领取，由送检人保管使用。（   ）

10. 检验批及分项工程应由监理工程师（建设单位项目技术负责人）组织施工单位项目专业质量（技术）负责人等进行验收。（   ）

四、简答题

1. 根据开工项目应具备的条件，建设单位基本落实哪些条件，即可申请办理建设工程规划许可证和建设工程施工许可证。

2. 在工程竣工验收合格后，建设单位提供的工程竣工验收报告应当包括哪些有关资料？

教学单元 3 施工资料

教学目标

1. 知识目标

(1) 掌握资料管理工作的全过程文件归档管理。
(2) 熟悉对于不同资料类型的编写、记录以及分类。
(3) 熟悉施工单位文件资料相关理论知识,掌握施工单位文件资料管理相关工作流程。

2. 能力目标

(1) 熟悉资料管理的全过程内容。
(2) 具备施工现场资料管理编写、收集和整理能力。
(3) 具备资料员所具有的初步职业能力。

3. 素质目标

(1) 培养学生吃苦耐劳、艰苦奋斗、勇于探索的职业精神。
(2) 培养学生诚恳、虚心、勤奋好学的态度和科学严谨、实事求是的作风。
(3) 培养学生较强的学习能力、动手能力、合作能力。

建设工程资料管理

思维导图

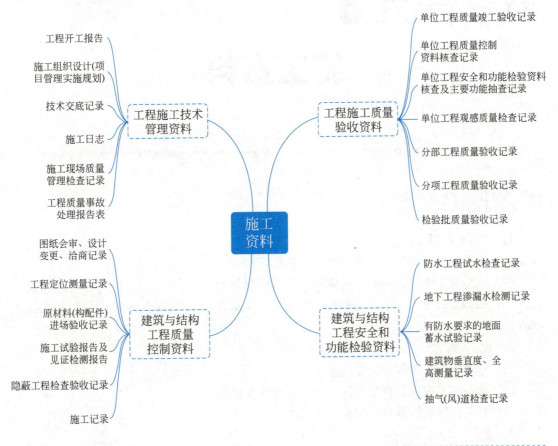

知识链接

2019年建成的北京大兴国际机场，创造了40余项国际、国内第一，技术专利103项，新工法65项。上千家施工单位施工，高峰期间5万余人同时作业，全过程保持安全和质量零事故，这离不开工程资料的支持。作为工程建设中的重要组成部分，工程资料关系着工程管理工作的开展，为工程质量管理提供有力依据，促进工程建设。

3.1 工程施工技术管理资料

3.1.1 工程开工报告

工程开工报告是建设单位与施工单位共同履行基本建设程序的证明文件，是施工单位

承建单位工程施工工期的证明文件。

工程开工报告一般由施工总承包单位填写，分包单位只填写工程开工报审表报监理单位审批。如果由建设单位直接分包的工程，开工时也要填写此报告。

工程开工报告签发的程序及条件：单位工程开工前，建设单位、监理单位和施工单位在完成下列准备工作后，由施工单位生产部门填写工程开工报告，经施工单位（法人单位）的工程管理部门审核通过，法人代表或其委托人签字加盖法人单位公章，报请监理、建设单位审批。条件具备，由监理单位总监理工程师、建设单位项目法人签字，加盖公章后即可开工。

3.1.2　施工组织设计（项目管理实施规划）

施工组织设计，是指承包单位开工前为工程所做的施工组织、施工工艺、施工计划等方面的设计，是指导拟建工程全过程中各项活动的技术、经济和组织的综合性文件。

1. 资料要求

（1）施工组织设计内容应齐全，步骤清楚，层次分明，反映工程特点，有保证工程质量的技术措施；编制应及时，必须在开工前编制并报审完成。

（2）按要求及时编制单位工程施工组织设计，没有或不及时编制单位工程施工组织设计的，为不符合要求。

（3）参与编制人员应在"会签表"上签字，交项目经理签署意见并在会签表上签字，经报审同意后执行并进行下发交底。

2. 施工组织设计的内容

（1）工程概况

工程概况包括工程特点、建设地点及环境特征、施工条件、项目管理特点及总体要求等。

（2）施工部署

施工部署包括项目的质量、进度、成本及安全目标；拟投入的最高人数和平均人数；分包计划、劳动力使用计划、材料供应计划、机械设备供应计划；施工程序；项目管理总体安排等。

（3）施工方案

施工方案包括施工流向和施工顺序、施工阶段划分、施工方法和施工机械选择、安全施工设计、环境保护内容及方法等。

（4）施工进度计划

施工进度计划包括施工总进度计划和单位工程施工进度计划。

（5）资源需求计划

资源需求计划包括劳动力需求计划、主要材料和周转材料需求计划、机械设备需求计划、预制品订货和需求计划、大型工（器）具需求计划等。

（6）施工准备工作计划

施工准备工作计划包括施工准备工作组织及时间安排、技术准备及编制质量计划、施工现场准备、作业队伍和管理人员的准备、物资准备、资金准备等。

（7）施工平面图

施工平面图包括施工平面图说明、施工平面图、施工平面图管理规划等。

（8）施工技术组织措施计划

施工技术组织措施计划包括保证进度目标的措施、保证质量目标的措施、保证安全目标的措施、保证成本目标的措施、保证季节施工的措施、保护环境的措施、文明施工措施。各项措施应包括技术措施、组织措施、经济措施及合同措施等。

（9）项目风险管理规划

项目风险管理规划包括风险因素识别一览表、风险可能出现的概率及损失值估计、风险管理重点、风险防范对策、风险管理责任等。

（10）项目信息管理

项目信息管理包括与项目组织相适应的信息流通系统、信息中心的建立规划、项目管理软件的选择与使用规划、信息管理实施规划等。

3.1.3 技术交底记录

3.2 技术交底记录

施工技术交底应在施工作业前，由施工单位技术人员向所有施工作业人进行交底，并保证签字齐全、书面留存。

施工技术交底应包括施工组织设计交底、专项施工方案技术交底、分项工程施工技术交底、"四新"技术交底、设计变更技术交底等。交底内容应清晰明确、针对性强，包括具体工作内容、操作方法、施工工艺、质量标准、安全注意事项等。

（1）施工组织设计交底

1）施工组织设计交底应包括主要设计要求、施工措施以及重要事项等。

2）施工组织设计交底应由项目技术负责人组织专业技术人员、生产经理、质检人员、安全员及承包方有关人员等进行交底。重点大型工程施工设计交底应由企业的技术负责人进行交底。

（2）专项施工方案技术交底

1）专项施工方案技术交底，应结合工程的特点和实际情况，对设计要求、现场情况、工程难点、施工方法及措施、质量指标和验收以及施工、安全防护、消防、临时用电、环保注意事项等进行交底。

2）季节施工方案的技术交底应重点明确季节性施工的组织与管理，包括设备及料具准备计划、施工方法及技术、消防安全措施等项目内容。

3）专项施工方案技术交底应由项目技术负责人负责，根据专项施工方案对专业工长进行交底。

（3）分项工程施工技术交底

1）分项工程施工技术交底是将管理层所确定的施工方案向操作者进行交底，是施工方案的具体细化。应按各分项工程的顺序、进度独立编写。并应根据工程特点明确作业条件、施工工艺及施工操作特点、质量要求及注意事项等内容。

2）分项工程是施工技术交底，应以交底工艺要求为主，配有工艺流程图。在交底过程中，应详细说明每个分项工程中各道工序如何按工艺要求进行正确施工。

3）应详细交底分项工程关键、重点、难点工序的主要施工要求和方法。对关键部位、重点部位的施工方法应用详图进行说明。

4）分项工程施工技术交底应由专业施工班组（或专业分包）进行。

（4）"四新"技术交底

1）对于难度较大的"四新"技术，应在施工前编制专项技术交底。结合工程使用的新技术、新材料、新工艺、新产品的特点、难点，明确"四新"技术的使用计划、主要施工方法与措施，以及注意事项等。

2）"四新"技术交底由项目技术负责人组织相关技术人员编制并对专业工长交底。

（5）设计变更技术交底

1）修改量大，变更内容复杂的技术变更及工程洽商应编制设计变更、洽商交底。

2）设计变更交底由项目技术部门根据变更要求，并结合具体施工步骤、措施及注意事项等对专业工长进行交底。

填写说明：

（1）"交底单位"：应填写进行交底的施工单位名称。

（2）"交底部位"：与记录表格中的部位保持一致。

（3）"接受交底范围"：应填写接受交底的单位名称或分项名称等。

（4）"交底人"：进行交底的施工单位人员。

（5）"审核人"：进行交底的施工单位技术负责人。

（6）"接受交底人员"：应由接受交底单位的相关人员签字，所有接受交底人都应进行签字。

3.1.4 施工日志

施工日志是施工活动的原始记录，应以单位工程为记载对象，从工程开工起至工程竣工止，按专业由项目部专人负责逐日记载，并保证内容真实、连续、完整。施工日志不得补记，不得隔页或扯页，施工日志应及时填写并签字。

3.3 施工日志

施工日志是工程施工整体过程的真实、全面写照，是工程总结的依据，也为工程质量问题分析和责任追溯提供参考。项目在过程管理中应切实落实施工日志编制工作。

填写要求：

（1）"天气状况"：应记录当天的天气情况，不应只是简单写阴、晴、雨，应有具体描述。

（2）"风力"：应记录当天所报风力。

（3）"最高/最低温度"：应记录当天所报最高/最低温度。

（4）"备注"：如有特殊情况，可在备注栏内填写。

（5）生产情况记录。

1）"施工部位"：明确具体工艺的施工部位，一天内，多个区位施工的要分别记述清楚。

2）"施工内容"：概述当天主要施工内容。

3）"机械作业"：描述作业设备及机械的规格、型号、操作人及当日的工作台班量及产出量，涉及机械保养及维修的也需要记述在案。

4）"班组工作"：班组人员（人数、工种）主要工作情况，并对班组当天的工作情况进行量化描述，难以量化描述的可以用工日及工作内容来表述。

5）"生产存在问题"：对生产过程中遇到的各种问题进行记录，并进行持续追踪，对相关问题进行解决。

(6) 技术质量安全工作记录

1）技术质量安全活动：在施工过程中，针对质量控制，安全生产的过程检查活动的记述，如：混凝土试块的制作、自检、巡查、预检、互检等工作。

2）检查、评定验收：包括原材及设备的进场检验和复试，隐蔽验收，施工记录，交接检查，检测试验，工序，检验批、分项工程、分部工程、单位工程等验收活动。

3.1.5　施工现场质量管理检查记录

根据《建筑工程施工质量验收统一标准》GB 50300—2013 要求，施工现场质量管理检查记录应在开工前由施工单位自检，由总监理工程师检查并作出签证结论意见。

填写说明：

(1)"项目部质量管理体系"：项目部根据本企业质量管理体系的要求，结合该工程的实际情况建立与其相适应的质量管理体系。其质量管理内容一般包括：

1）质量方针和目标管理。

2）组织机构和职责。

3）人力资源管理。

4）施工机具管理。

5）投标及合同管理。

6）建筑材料、构配件和设备管理。

7）分包管理。

8）工程项目施工管理。

9）施工质量检测与验收。

10）工程项目竣工交付使用后的服务。

11）质量管理自查与评价。

12）质量信息管理和质量管理改进等。

(2)"现场质量责任制"，主要包括：

1）项目负责人、项目技术负责人、项目施工负责人；技术员、施工员、专业质量检查员、安全员、资料员；计划员、材料员、试验员、测量员、机械员；施工班组长、操作者等的质量责任制。

2）质量责任的分工，各项质量责任的落实规定，定期检查及有关人员奖罚制度等。

(3)"主要专业工种操作岗位证书"：测量工、垂直运输设备司机，钢筋、混凝土、机械、焊接、瓦工、防水工等建筑结构工种。电工、管道等安装工种的上岗证，以地方建设行政主管部门的规定为准。

(4)"分包单位管理制度"，主要包括：

1）项目部应建立并实施分包管理制度，明确分包管理活动中的职责和权限，对分包进行管理。

2) 专业承包单位的资质应在其承包业务的范围内承建工程,超出范围的应办理特许证书,否则不能承包工程。在有分包的情况下,总承包单位应有管理分包单位的制度,主要是质量、技术的管理制度等。

(5) "图纸会审记录":重点是看建设行政主管部门出具的施工图审查批准书及审查机构出具的审查报告。如果图纸是分批交出,施工图审查可分段进行。

(6) "地质勘察资料":有勘察资质的单位出具的正式地质勘察报告。

(7) "施工技术标准":是操作的依据和保证工程质量的基础,承建企业应编制不低于国家质量验收规范的操作规程等企业标准。要有批准程序,由企业的总工程师、技术委员会负责人审查批准,有批准日期、执行日期、企业标准编号及标准名称。企业应建立技术标准档案。施工现场应有相关施工技术标准,施工图集应齐全,可作为培训工人、技术交底和施工操作的主要依据,也是质量检查评定的标准。

(8) "施工组织设计、施工方案编制及审批":检查编写内容是否有针对性的具体措施;编制程序、内容是否合理;有编制单位、审核单位、批准单位;有贯彻执行的措施。

(9) "物资采购管理制度":项目部应根据施工需要建立并实施建筑材料、构配件和设备的采购管理制度。这是为保证材料、设备质量必须有的措施。

(10) "施工设施和机械设备管理制度":项目部应建立施工机具管理制度,对施工机具的配备、验收、安装调试、试验维护等作出规定,明确各管理层次及有关岗位在施工机具管理中的职责。

(11) "计量设备配备及计量检定证书":对项目的检查、检验等计量设施、用具的配备应齐全,且计量检定证书均在有效期内。

(12) "检测试验管理制度":

1) 项目部应配备和管理施工检查所需的各类监测设备。

2) 检测试验管理制度包括三个方面的检验:一是原材料、设备进场检验制度;二是施工过程的试验报告;三是竣工后的抽查检测,应专门制订抽测项目、抽测时间、抽测单位等计划,使监理、建设单位等都做到心中有数。

应单独做原材料进场检验、复试及抽查检测计划,对于混凝土结构应编制试块留置方案,如在施工组织设计中已经包含上述内容,可不再单独编制。

(13) "工程质量检查验收制度":项目部应建立并实施施工质量检查制度。并规定各管理层次对施工质量检查与验收活动进行鉴定管理的职责和权限。检查和验收活动由具备相应资质的人员实施。做好对分包工程的质量检查和验收工作。

一般要求:

在填写之前施工单位应明确规划好项目部质量管理体系,完成图纸会审,完成施工组织设计及专项施工方案的编制及审批,完成现场施工准备工作,完成检测抽样及试验计划等工作。只有把以上工作完成,才具备基本的开工条件。

(1) "工程名称":应填写工程名称的全称,与设计文件、合同或招标投标文件中的工程名称一致。

(2) "施工许可证号":应填写建设行政主管部门批准核发的施工许可证(开工证)的编号。

（3）"建设单位"：应填写合同文件中的建设方全称，与合同签章上的单位名称一致。

（4）"建设单位项目负责人"：应填写合同书上签字人或签字人以文字形式委托的代表（工程项目负责人）。工程完工后竣工验收备案表中的单位项目负责人应与此一致。

（5）"设计单位"：应填写设计合同中的单位全称，与合同和图纸签章上的单位名称一致。

（6）"设计单位项目负责人"：应填写设计合同书上签字人或签字人以文字形式委托的该工程项目负责人。工程完工后竣工验收备案表中的单位项目负责人应与此一致。

（7）"监理单位"：应填写监理合同中的单位全称，与合同、协议书和招标投标文件签章上的单位名称一致。

（8）"总监理工程师"：应是合同中或经建设单位签认变更明确的项目监理负责人，项目监理负责人必须有监理工程师任职资格证书。

（9）"施工单位"：应填写施工合同中的单位全称，与施工合同和招标投标文件签章上的单位名称一致。

（10）"项目负责人"：应与合同中明确的项目负责人一致。

（11）"项目技术负责人"：应与合同中明确的项目技术负责人一致。

3.1.6　工程质量事故处理报告表

3.5
工程质量
事故及处
理报告表

工程质量事故，是指在工程建设过程中或在交付使用后，因勘察、设计、施工等过失造成工程质量不符合有关技术标准、设计文件以及施工合同规定的要求，需加固补强、返工、报废及造成人身伤亡或者重大经济损失的事故。对其发生情况及处理的记录形成工程质量事故报告和工程质量事故处理记录。

（1）工程质量事故按其严重程度，分为重大质量事故和一般质量事故。

（2）发生质量事故后，工程负责人应组织填写工程质量事故报告和工程质量事故处理记录。重大质量事故应在事故发生24h内写出书面报告，逐级上报；一般质量事故可按各单位的规定每月汇总上报。

填写要求：

1）"工程名称"：应填写工程名称的全称，与设计文件、合同或招标投标文件中的工程名称一致。

2）"建设地点"：应填写工程具体建设地点。

3）"建设单位"：应填写合同文件中的建设方全称，与合同签章上的单位名称一致。

4）"设计单位"：应填写设计合同中的单位全称，与合同和图纸签章上的单位名称一致。

5）"施工单位"：应填写施工合同中的单位全称，与施工合同和招标投标文件签章上的单位名称一致。

6）"监理单位"：应填写监理合同中的单位全称，与合同、协议书和招标投标文件签章上的单位名称一致。

7）"建筑面积"：按实际施工的建筑面积填写。

8）"结构类型"：按照建筑结构分类填写。

9)"事故部位":填写事故发生的具体位置。
10)"事故名称":应概括事故的主要情况。
11)"事故发生时间":填写质量事故发生的时间,具体到分钟。
12)"报告时间":应填写上报的时间,具体到分钟。
13)"事故发生后要采取的措施":应描述事故发生的时间、具体部位、发生的质量问题、所采取的应急措施和处理的情况。
14)"事故发生原因的初步判断":对事故发生原因的初步判断。
15)"设计错误":是否存在设计上的错误造成此次事故。
16)"违章施工":是否存在施工过程、管理问题上的错误造成此次事故。

3.2 建筑与结构工程质量控制资料

3.2.1 图纸会审、设计变更、洽商记录

填写说明:
(1)图纸会审内容包括:
1)图纸会审应由建设单位组织,设计、施工、监理单位参加并按专业进行会审。
2)参加图纸会审各方代表应签字齐全,日期填写清楚。
3)记录可由施工方整理。参加各方应分别签字。

3.6
图纸会审、
设计变更、
洽商记录

(2)设计变更:施工过程中,由于设计图纸与实际个别情况不符、施工条件变化等,由设计单位发出的设计变更通知,内容应详实,必要时需附图,签认齐全并加盖单位公章。
(3)工程洽商记录:
1)工程洽商记录是施工过程中,由于设计图纸与实际情况不符、施工条件变化及参建各方提出施工合理化建议等原因,由施工单位向有关单位提出需对设计文件部分内容进行修改而办理的洽商记录。
2)工程洽商记录应按专业分别填写。
3)工程洽商记录应由设计、施工、建设、监理等单位的代表签认,并加盖公章。
4)设计单位如委托建设(监理)单位办理签认,应办理委托手续。
5)分包工程的有关工程洽商记录,应通过工程总承包单位办理。

3.2.2 工程定位测量记录

填写要求:
(1)施工单位必须由项目经理组织有关技术人员和测量专业人员,依据规划部门提供

的建筑物红线桩和标高,及时做好定位测量放线、水准点引测记录,复测无误并经建设单位、监理单位进行复测。

3.7 工程定位测量记录

(2) 定位测量放线要绘制出定位示意图,水准点引测要绘制出水准点引测示意图,水准点引测示意图的记录内容还应包括相邻建筑物距离、控制桩位置等,水准点引测过程顺序应有编号。施工单位对定位测量放线、水准点引测的过程记录应齐全。

3.2.3 原材料(构配件)进场验收记录

3.8 原材料(构配件)进场验收记录

材料、构配件进场后,应由建设(监理)单位会同施工单位共同对进场物资进行检查验收,填写原材料(构配件)进场验收记录。
(1) 主要检验内容包括:
1) 物资出厂质量证明文件及检验(测)报告是否齐全。
2) 实际进场物资数量、规格和型号等是否满足设计和施工计划要求。
3) 物资外观质量是否满足设计要求或规范规定。
4) 按规定需进行抽检的材料、构配件是否及时抽检,检验结果和结论是否齐全。
(2) 按规定应进场复试的工程物资,必须在进场检查验收合格后取样复试。
填写要求:
(1) 检查验收内容按表中检查内容如实标注清楚,如类别名称、生产厂家、证件编号、进场数量等。
(2) "外观检查":外观质量、外包装(注明包装打捆、合格证标签等是否齐全,外观有无锈蚀、油污及损伤)应满足设计要求或规范规定。
(3) "检查验收结论":注明外观检验合格,材料单合格证与标签对应、齐全。

3.2.4 施工试验报告及见证检测报告

3.9 混凝土试块试验报告汇总表

工程施工的钢筋焊接、机械连接、钢结构工程、混凝土试块、砂浆抗压强度、外墙饰面砖粘贴、混凝土后锚固等工程的检测及抽样规则应按相关标准进行现场见证取样、送样试验。相关标准、设计文件及合同约定需要试验的项目,也应进行现场见证取样、送样试验。检验结果达不到规范标准要求时必须加倍取样复验,复验合格后方可使用。

当检(试)验报告结果不合格时,应按相关标准要求进行处理,并将该部位结构处理的相关资料和相关资质检测机构出具的检测报告、设计单位提供的认可文件等存入工程档案。

混凝土强度检验评定记录应符合现行国家标准《混凝土结构工程施工质量验收规范》GB 50204—2015 和《混凝土强度检验评定标准》GB/T 50107—2010 的规定。评定周期、检验批容量、采用的评定方法和评定结果等均应在资料中列明。

砂浆试块强度检验评定记录应符合现行国家标准《砌体结构工程施工质量验收规范》GB 50203—2011 的规定。

填写要求：

施工试验报告及见证检测报告一般由具有相应检测资质单位出具，施工单位需要填写材料汇总表。

3.2.5 隐蔽工程检查验收记录

填写要求：

依据国家规范和地方标准规定隐蔽工程检查项目的，施工单位应按检验批做好隐蔽工程验收并填写隐蔽工程验收记录，当文字表达不完整或者不清晰时应有影像资料补充。

（1）隐蔽工程检查验收记录为通用表，适用于各专业，按规范规定须进行隐蔽检查的项目（有专用隐蔽验收记录表的项目除外）采用本表进行记录，记录内容与要求应符合规范及工艺要求，验收结论需建设单位（监理单位）、施工单位共同签字确认。

（2）钢筋工程检查采用钢筋隐蔽工程检查验收记录进行记录，记录内容与要求应符合国家现行标准《混凝土结构工程施工质量验收规范》GB 50204—2015 的规定，如钢筋安装时（包括现场预制混凝土小构件）应按检验批进行检查，每楼层至少分两次以上按验收时间分别做记录。主要受力钢筋、箍筋、构造钢筋的品种、规格、位置、间距、数量等；钢筋的连接方式、接头位置、接头数量、接头面积百分率等；预埋件的规格、数量、位置、除锈和油污情况、有无钢筋代用等。

3.10 钢筋隐蔽工程检查验收记录

（3）预应力工程检查验收采用预应力隐蔽工程检查验收记录进行记录，记录内容与要求应符合相关标准的要求，如预应力钢筋安装时其品种、级别、数量和位置；检查成孔管道的规格、数量、位置、形状等；局部加强筋的强度等级、规格、数量和位置；预应力筋锚具和连接器及锚垫板的品种、规格、数量和位置。

3.11 现场混凝土施工、养护检查记录

（4）影像资料应附在对应的隐蔽验收资料后，注明拍摄时间、部位、拍摄人。

3.2.6 施工记录

依据相关规定以及施工需要，对施工过程进行记录时应留有施工记录，没有专用记录表格的可使用施工检查通用记录表。

施工记录为通用表，适用于各专业，对于施工过程中影响质量、观感、安装、人身安全的工序，尤其是建筑与结构工程中的砌筑工程、装饰装修工程等应在过程中做好过程控制检查并填写本表。

3.12 施工记录

填写要求：

（1）"施工内容"：应记录施工现场整个施工过程。

（2）"施工部位"：填写施工时的施工部位。

（3）"施工单位项目专业技术负责人"：施工总承包单位项目专业技术负责人签字。

（4）"分包单位项目专业技术负责人"：专业分包单位项目专业技术负责人签字。

（5）"专业工长"：有专业分包单位时，需要专业分包单位专业工长签字；如无专业分包时，需要施工单位专业工长签字。

（6）"专业质量员"：有专业分包单位时，需要专业分包单位专业质检员签字；如无专业分包时，需要施工单位专业质检员签字。

3.3 工程施工质量验收资料

3.3.1 单位工程质量竣工验收记录

单位工程的质量竣工验收记录，是指单位工程完成后，施工单位经自行组织人员进行检查验收，质量等级达到合格标准，并经项目监理机构复查认定质量等级合格后，向建设单位提交竣工验收报告及相关资料，由建设单位组织单位工程验收的记录。

1. 验收要求

（1）应参加分部（子分部）工程的数量必须齐全（合理缺项除外），工程质量符合相应专业施工规范的要求。

（2）为了控制和保证不断提高工程质量和施工过程中记录整理资料的完整性，施工单位必须建立必要的质量管理体系和质量责任制度，推行生产控制和合格控制，质量控制应有健全的生产控制和合格控制的质量管理体系，包括材料控制、工艺流程控制、施工操作控制、每道工序质量检查、各道相关工序间的交接检验、专业工种之间等中间交接环节的质量管理和控制、施工图设计和功能要求的抽检制度等。

2. 建筑工程应按下列规定进行施工质量控制

（1）建筑工程采用的主要材料、半成品、成品、建筑构配件、器具和设备应进行现场验收。凡涉及安全、功能的有关产品，应按各专业工程质量验收规范的规定进行复验，并应经监理工程师（建设单位技术负责人）检查认可。

（2）各工序应按施工技术标准进行质量控制，每道工序完成后应进行检查。

（3）每道工序完成后班组应进行自检，专职质量检查员复检，并应进行工序交接检查（上道工序应满足下道工序的施工条件要求），相关工序间的交接检验，使各工序间和专业间形成一个有机的整体，并形成记录。未经监理工程师（建设单位技术负责人）检查认可，不得进行下道工序施工。

3. 单位（子单位）工程质量验收合格应符合下列规定

（1）单位（子单位）工程所含分部（子分部）工程的质量均应验收合格。

（2）质量控制资料应完整，试验及检验资料符合相应标准的规定。

（3）单位（子单位）工程所含分部工程有关安全和功能的检测资料应完整。

（4）主要功能项目的抽查结果应符合相关专业质量验收规范的规定。

（5）观感质量验收应符合要求。

4. 当建筑工程质量不符合要求时，应按下列规定进行处理

（1）经返工重做或更换器具、设备的检验批，应重新进行验收。

(2) 经有资质的检测单位检测鉴定能够达到设计要求的检验批，应予以验收。

(3) 经有资质的检测单位检测鉴定达不到设计要求，但经原设计单位核算认可能够满足结构安全和使用功能的检验批，可予以验收。

(4) 经返修或加固处理的分项、分部工程，虽然改变外形尺寸但仍能满足安全使用要求，可按技术处理方案和协商文件进行验收；通过返修或加固处理仍不能满足安全使用要求的分部工程、单位（子单位）工程，严禁验收。

5. 建筑工程质量验收程序和组织

(1) 检验批及分项工程应由监理工程师（建设单位项目技术负责人）组织施工单位项目专业质量（技术）负责人等进行验收。

(2) 分部工程应由总监理工程师（建设单位项目负责人）组织施工单位项目负责人和技术、质量负责人等进行验收；地基与基础、主体结构分部工程的验收，勘察、设计单位工程项目负责人和施工单位技术、质量部门负责人也应参加相关分部工程验收。

(3) 单位工程完工后，施工单位应自行组织有关人员进行检查评定，并向建设单位提交工程验收报告。

(4) 建设单位收到工程验收报告后，应由建设单位（项目）负责人组织施工（含分包单位）、设计、监理等单位（项目）负责人进行单位（子单位）工程验收。

(5) 单位工程有分包单位施工时，分包单位对所承包的工程项目应按规范、标准规定的程序检查评定，总包单位应派人参加。分包工程完成后，应将工程有关资料交总包单位。

(6) 当参加验收各方对工程质量验收意见不一致时，可请当地建设行政主管部门或工程质量监督机构协调处理。

(7) 单位工程质量验收合格后，建设单位应在规定时间内将工程竣工验收报告和有关文件报建设行政管理部门备案。

6. 建筑工程质量验收的划分

建筑工程质量验收应划分为单位（子单位）工程、分部（子分部）工程、分项工程和检验批。

一套完整的建筑工程施工质量验收资料应由单位（子单位）工程质量验收记录、分部（子分部）工程质量验收记录、分项工程质量验收记录和检验批质量验收记录组成，缺一不可。

单位工程的划分应按下列原则确定：

(1) 具备独立施工条件并能形成独立使用功能的建筑物及构筑物为一个单位工程。

(2) 建筑规模较大的单位工程，可将其形成独立使用功能的部分作为一个子单位工程。

分部工程的划分应按下列原则确定：

(1) 分部工程的划分应按专业性质、建筑部位确定。

(2) 当分部工程较大或较复杂时，可按材料种类、施工特点、施工程序、专业系统及类别等划分为若干子分部工程。

(3) 室外工程可根据专业类别和工程规模划分单位（子单位）工程。

填写要求：

(1)"结构类型"：单位（子单位）工程的结构类型，如砖混或框架结构等。

(2)"技术负责人"：法人施工单位的技术负责人，按实际填写。

(3)"项目技术负责人"：项目经理部属在该单位工程的技术负责人，按实际填写。

(4)"分部工程验收"：按专业性质、建筑部位划分的工程。分部工程较大或复杂时可按材料种类、施工特点、施工程序、专业系统及类别划分为若干子分部工程。按实际划分的分部工程数量填写。

(5)"质量控制资料核查"：按单位工程质量控制资料核查记录的核查结果填写。

(6)"安全和主要使用功能核查及抽查结果"：直接影响结构安全和使用功能的检验资料；核查及主要功能抽查的检查结果，按单位工程安全和功能检验资料核查记录及主要功能抽查记录的核查结果填写。

(7)"观感质量验收"：对分部工程观感质量和单位（子单位）工程观感质量检查的结果，按实际检查结果填写。

(8)"综合验收结论"：建设、监理、施工、设计等单位参加竣工初验结果的结论意见，由参加方共议确认后填写。

(9)"参加验收单位"：需有参加单位盖章以及参加人员签字。

3.3.2　单位工程质量控制资料核查记录

填写要求：

(1)"施工单位"：填写合同法人的施工单位名称。

(2)"项目"：工程质量控制资料核查共7项：建筑与结构、给水排水与供暖、通风与空调、建筑电气、智能建筑、建筑节能、电梯。核查项目不得增加或减少（合理缺项除外）。

(3)"资料名称"包括7个项目共61项核查内容，按单位（子单位）工程实际形成的资料逐项核查（合理缺项除外）。

(4)"核查意见"：由核查人按实际核查结果填写。

(5)"结论"：结论意见由核查人填写。施工单位的项目负责人签字，总监理工程师核查后签字有效。

3.3.3　单位工程安全和功能检验资料核查及主要功能抽查记录

1. 验收要求及说明

(1)主要材料、半成品、成品、建筑构配件、器具和设备等均应进行现场验收。现场验收责任方为施工单位和监理单位，施工单位应将验收情况记入施工日志，监理单位应将验收情况记入监理日志，以证明上述材料设备确已通过进场质量验收。

(2)凡涉及安全、功能的有关产品，应按各专业工程质量验收规范的规定进行复验，复验应出具试验报告单或合格的复验记录，并应经监理工程师（建设单位技术负责人）核查认可。

（3）对涉及混凝土结构安全的重要部位（限于柱、墙、梁）应进行结构实体检验。对结构实体进行检验，并不是在子分部工程验收前的重新检验，而是在相应的分项工程验收合格、过程控制使质量得到保证的基础上，对重要部位进行的验证性检验，其目的是加强混凝土施工质量的验收，真实地反映混凝土强度及受力钢筋位置等质量指标，确保结构安全。

2. 填写说明

（1）"施工单位"：填写合同法人的施工单位名称。

（2）"项目"：工程安全和功能检验资料核查及主要功能抽查共 7 项：建筑与结构、给水排水与供暖、通风与空调、建筑电气、智能建筑节能、电梯。抽查项目不得增加或减少（合理缺项除外）。

（3）"安全功能检查项目"：包括 7 个项目共 43 项核（抽）查内容，按表列内容项核（抽）查（合理缺项除外）。

（4）"核查意见"：由核查人按实际核查结果填写。

（5）"抽查结果"：由抽查人按实际抽查结果填写。

（6）"结论"栏中结论意见由核（抽）查人员根据核（抽）查结果填写。施工单位项目经理签字、总监理工程师核查后签字生效。

3.3.4　单位工程观感质量检查记录

单位（子单位）工程观感质量检查记录是在分部工程验收合格的基础上进行的观感质量检查的记录。

3.16 单位工程观感质量检查记录

（1）应检查的内容齐全，无应检未检的项目，各专业质量等级评定结论正确。

（2）责任制签字齐全。

（3）填写内容齐全，评定正确为符合要求；应检项目不全，为不符合要求。

填写要求：

（1）"施工单位"：填写合同法人的施工单位名称，按实际填写。

（2）"项目"：工程观感质量检查共 6 项：建筑与结构、给水排水与供暖、通风与空调、建筑电气、智能建筑、电梯。检查项目不得增加或减少（合理缺项除外）。

（3）"抽查质量状况"：一般每个子项目抽查 10 个点。

（4）"质量评价"：按抽查质量状况的数理统计结果，权衡给出"好""一般"或"差"的评价。

（5）"观感质量综合评价"：可由参加观感质量检查的人员根据子项目质量情况进行评价，结果权衡得出，并填写。

（6）"检查结论"：结论意见由检查记录人根据参加人评价的结果填写。由施工单位的项目负责人、总监理工程师等核查同意后签字有效。

3.3.5 分部工程质量验收记录

1. 验收要求

分部（子分部）工程质量验收合格应符合下列规定：

（1）分部（子分部）工程所含分项工程的质量均应验收合格。

（2）质量控制资料应完整。

（3）地基与基础、主体结构和设备安装等分部工程有关安全及功能的检验和抽样检测结果应符合有关规定。

（4）观感质量验收应符合要求。

2. 验收内容

分部工程的验收内容、程序都是一样的。在一个分部工程中只有一个子分部工程时，子分部就是分部工程；当不是一个子分部工程时，可以一个子分部、一个子分部地进行质量验收，然后应将各子分部的质量控制资料进行核查。对地基与基础、主体结构和设备安装工程等分部工程中的子分部工程有关安全及功能的检验和抽样检测结果的资料进行核查，观感质量评价等。

3. 验收程序

分部（子分部）工程应由施工单位将自行检查评定合格的表填写好后，由项目经理交监理单位或建设单位验收。由总监理工程师组织施工项目经理及有关勘察（地基与基础部分）、设计（地基与基础及主体结构等）单位项目负责人进行验收，并按表的要求进行记录。

4. 填写说明

（1）"_____分部工程质量验收记录"：分部工程名称填写要具体，写在分部工程的前面。

（2）"工程名称"：填写工程全称，与检验批、分项工程、单位工程验收表的工程名称一致。

（3）"施工单位"：填写全称，与检验批、分项工程、单位工程验收表填写的名称一致。

（4）"分包单位"：有分包单位时才填写，没有时不填写，主体结构不应进行分包。分包单位名称要写全称，与合同或图章上的名称一致。

（5）"分项工程名称"：按分项工程第一个检验批施工先后的顺序，将分项工程名称填写上，在第二格栏内分别填写各分项工程实际的检验批数量，即分项工程验收表上的检验批数量，并将各分项评定表按顺序附在表后。

（6）"施工单位检查结果"：填写施工单位自行检查评定的结果。检查一下各分项工程是否都通过验收，有关有龄期试件的合格评定是否达到要求；有全高垂直度或总的标高的检验项目的应进行检查验收。自检不符合要求的项目不能交给监理单位或建设单位验收，应进行返修，达到合格后再提交验收。监理单位或建设单位由总监理工程师或建设单位项目专业技术负责人组织审查，在符合要求后，在验收意见栏内签注"同意验收"意见。

（7）"质量控制资料""安全和功能检验结果"和"观感质量检验结果"，可依据相关检查结果只填写检查数量和结论。

（8）验收单位签字认可。按表列参与工程建设责任单位的有关人员应亲自签名，以示负责，以便追查质量责任。

1）勘察单位可只签认地基基础分部（子分部）工程，由项目负责人亲自签认。

2）设计单位可只签地基基础、主体结构及重要安装分部（子分部）工程，由项目负责人亲自签认。

3）施工单位必须签认，由项目负责人亲自签认，有分包单位的，分包单位也必须签认其分包的分部（子分部）工程，由分包项目经理亲自签认。

4）监理单位作为验收方，由总监理工程师亲自签认验收。如果按规定不委托监理单位的工程，可由建设单位项目专业负责人亲自签认验收。

3.3.6 分项工程质量验收记录

1. 验收要求

分项工程质量验收合格应符合下列规定：

1）分项工程所含的检验批均应符合合格质量的规定。

2）分项工程所含的检验批的质量验收记录应完整。

3）分项工程质量的验收是在检验批验收的基础上进行的，是一个统计过程。有时也有一些直接的验收内容，所以在验收分项工程时应注意：

① 核对检验批的部位、区段是否全部覆盖分项工程的范围，有没有缺漏的部位没有验收到。

3.18 砖砌体分项工程质量验收记录

② 一些在检验批中无法检验的项目，在分项工程中直接验收，如砌体工程中的全高垂直度、砂浆强度的评定等。

③ 检查有混凝土、砂浆强度要求的检验批，到龄期后能否达到规范规定。

④ 检验批验收记录的内容及签字人是否正确、齐全。

⑤ 将检验批的资料统一，依次进行登记整理，方便管理。

2. 填写说明

（1）表名填上所验收分项工程的名称。

（2）"分项工程数量"：应填写分项工程所包含的总工程量，当分项工程内检验批种类不同，无法计算总工程量时，该栏不填写。

（3）"检验批数量"：应填写分项工程所包含的各类检验批的总数量。

（4）"检验批容量"：应按检验批质量验收记录中的检验批数量逐一填写。

（5）"部位/区段"：应填写每个检验批所在的部位或流水段。

（6）监理单位的专业监理工程师（或建设单位的项目专业负责人）应逐项审查，同意项填写"合格或符合要求"，不同意项暂不填写，待处理后再验收，但应做标记。注明验收和不验收的意见，如同意验收则签字确认，不同意验收则指出存在问题，明确处理意见和完成时间。

3.3.7 检验批质量验收记录

1. 验收要求

（1）检验批合格质量应符合下列规定：

3.19 检验批质量验收记录

1) 主控项目和一般项目的质量经抽样检验合格。
2) 具有完整的施工操作依据、质量检查记录。

（2）主控项目要求

主控项目的条文是必须达到的要求，是保证工程安全和使用功能的重要检验项目，是对安全、卫生、环境保护和公众利益起决定性作用的检验项目，是确定该检验批的主要性能。如果达不到规定的质量指标，降低要求就相当于降低该工程项目的性能指标，就会严重影响工程的安全性能；如果提高要求就等于提高性能指标，就会增加工程造价，如混凝土、砂浆的强度等级是保证混凝土结构、砌体工程强度的重要性能，所以必须全部达到要求。

主控项目包括的内容主要有：

1) 重要材料、构件及配件、成品及半成品、设备性能及附件的材质、技术性能等。如水泥、钢材的质量，预制楼板、墙板、门窗等构配件的质量和风机等设备的质量。检查出厂证明，其技术数据、项目是否符合有关技术标准规定。

2) 结构的强度、刚度和稳定性等检验数据、工程性能的检测。如混凝土、砂浆的强度，钢结构的焊缝强度，管道的压力试验，风管的系统测定与调整，电气的绝缘、接地测试，电梯的安全保护、试运转结果等。

检查测试记录，其数据及项目要符合设计要求和验收规范规定。

3) 一些重要的允许偏差项目，必须控制在允许偏差限值之内。

对一些有龄期的检测项目，在其龄期不到而不能提供数据时，可将其他评价项目先评价，并根据施工现场的质量保证和控制情况，暂缓验收该项目，待检测数据出来后，再填入数据。如果数据达不到规定数值，以及对一些材料、构配件质量及工程性能的测试数据有疑问时，应进行复试、鉴定及实地检验。

（3）一般项目要求

一般项目是除主控项目以外的检验项目，也是应该达到规范的要求，只不过对不影响工程安全和使用功能的少数条文可以适当放宽一些，这些条文虽不像主控项目那样重要，但对工程安全、使用功能，重要部位的美观都是有较大影响的。

一般项目包括的内容主要有：

1) 允许有一定偏差的项目，而放在一般项目中，用数据规定的标准，可以有个别偏差范围，最多不超过20%的检查点可以超过允许偏差值，但也不能超过允许值的150%。

2) 对不能确定偏差值而又允许出现一定缺陷的项目，则以缺陷的数量来区分。如砖砌体预埋拉结筋，其留置间距偏差；混凝土钢筋露筋，露出一定长度等。

3) 一些无法定量的而采用定性的项目。如碎拼大理石地面颜色协调，无明显裂缝和坑洼；油漆工程中，中级油漆的光亮和光滑项目；卫生器具给水配件安装项目，检查其接口是否严密，启闭部分是否灵活；管道接口项目，无外露油麻等。这些需要靠监理工程师来掌握。

2. 填写说明

（1）单位（子单位）工程名称：按合同文件上的单位工程名称填写，子单位工程标出该部分的位置。分部（子分部）工程名称，按验收规范划定的分部（子分部）名称填写。检验批部位，是指一个分项工程中的验收的那个检验批的抽样范围，要标注清楚，如二层①～⑩轴线砖砌体。

（2）"施工单位""分包单位"：填写施工单位的全称，与合同一致。

（3）检验批验收时，应进行现场检查并填写现场验收检查原始记录。该原始记录应由专业监理工程师和施工单位专业质量检查员、专业工长共同签署，并在单位工程竣工验收前存档备查，保证该记录的可追溯性。现场验收检查原始记录的格式可由施工、监理等单位确定，可包括检查项目、检查位置、检查结果等内容。

（4）"检验批容量"：应按照检验批的划分，填写数量、重量、面积、构件个数、流水段或区域部位等。

（5）"最小抽样数量"：仅适用于计数检验，非计数检验项可不填写。

（6）"实际抽样数量"：应按照对应专业验收规范中验收项目所要求的检查数量填写。

（7）"施工依据"：应填写国家、天津市（地方）有关施工工艺标准的名称及编号，或填写企业标准、工法等，需要时也可填写施工方案、技术交底的名称与编号。

（8）"验收依据"：应填写国家、天津市（地方）验收标准，当无相关规范时，可填写由建设、施工、监理、设计等各方认可的验收依据。

3.4 建筑与结构工程安全和功能检验资料

3.4.1 防水工程试水检查记录

防水工程试水检查记录是在施工过程中对屋面及有防水要求的地面蓄水防水试验等进行的过程记录。屋面防水工程进行蓄水或淋水检查时记录内容应包括渗漏积水情况和排水通畅情况，有防水要求的地面进行蓄水检查时记录内容应包括蓄水深度、蓄水时间等。

1. 屋面蓄水试验方法及要求

（1）蓄水试验应在防水层施工完成并验收后进行。

（2）将水落口用球塞堵严密，且不影响试水。

（3）水落口应做蓄水检验，时间不少于2h。

（4）蓄水深度最浅处不应小于20mm。

（5）蓄水时间为24h。

（6）高出屋面的烟（风）道、出气管、女儿墙、出入孔根部防水层上口应做淋水试验，时间不小于2h。

（7）对于不具备全部屋面进行蓄水和淋水试验条件的屋面防水工程，应做好雨季观察记录（记录主要包括降雨级数、次数、降雨时间、检查结果、检查日期及检查人）。对于屋面细部、节点的防水应进行局部蓄水和淋水试验。

2. 厕浴间蓄水试验方法及要求

（1）凡厕浴间等有防水要求的房间必须有防水层及安装后蓄水检验记录，卫生器具安装完后应做100%的二次蓄水试验并记录。

(2) 蓄水时间不少于 24h。
(3) 蓄水深度最浅处不应低于 20mm。

3.4.2 地下工程渗漏水检测记录

(1) 凡有防水要求的地下室必须做蓄水试验，并有详细记录。
(2) 记录内容应包括渗漏水量检测情况、结构内表面的渗漏水展开图、处理意见与结论等。
(3) 设计对混凝土有抗渗要求时，应提供混凝土抗渗试验报告单。
(4) 按要求检查，内容、签章齐全为正确。

3.4.3 有防水要求的地面蓄水试验记录

有防水要求的地面进行蓄水检查时应填写防水工程试水检查记录，记录内容应包括蓄水深度、蓄水时间等。

3.4.4 建筑物垂直度、全高测量记录

建筑物垂直度、全高测量记录是对建筑物垂直度、标高、全高在施工过程中和竣工后进行的测量记录。

1. 资料要求

(1) 现场测量项目必须是在测量现场进行。由施工单位的专业技术负责人牵头，专职质量检查员详细记录，建设单位代表和项目监理机构的专业监理工程师参加。现场原始记录须经施工单位的技术负责人和专职质量检查员签字、建设监理单位的参加人员签字后，记录生效并归存，作为整理资料的依据以备查。

(2) 测量单内的主要项目应齐全，不齐全时应重新进行复测。

2. 工作要求

(1) 施工过程中的垂直度测量：
1) 测量次数，原则上每加高 1 层测量 1 次，整个施工过程不得少于 4 次。
2) 轴线测量按基数及各层放线、测量与复测执行。

(2) 竣工后的测量：
1) 建筑物垂直度、标高、全高测量选定应在建筑物四周转角处和建筑物的凹凸部位。单位工程每项选定不应少于 10 点，其中前沿、背沿各 4 点，两个侧面各 1 点。
2) 标高测量应按层进行，高层建筑可两层为一测点，多层建筑可一层为一测点，可按测点的平均差值填写。

建筑物的垂直度、标高、全高测量是建筑物已竣工、观感质量检查完成后对建筑物进行的测量工作，由施工单位测量，测量时项目监理机构派专业监理工程师参加监督测量。

3.4.5 抽气（风）道检查记录

建筑抽气道、风道进行通（抽）风和漏风、串风试验时应填写抽气（风）道检查记录。

3.23 抽气(风)道检查记录

填写要求：

（1）抽气道、风道必须 100% 检查，检查数量不足为不符合要求。

（2）按要求检查，内容完整、签章齐全为合格，无记录或后补记录的为不合格。

（3）检查应做好自检记录。试验可在抽气道、风道进口处划根火柴，观察火苗的转向和烟的去向，即可判别是否通风；也可用其他适宜的方法进行。主抽气道、风道除应进行通风试验外，还应进行观感检查，两项检查均合格后，才可验收。

实训任务

依据《天津市建筑工程施工质量验收资料管理规程》DB/T 29—209—2020，结合以上工程背景提供的信息，模拟施工资料管理内容，完成教材活页部分各类施工资料的填写。

思考与练习

一、选择题

1. 施工日志属于（　　）类资料。

A. A　　　　　B. B　　　　　C. C　　　　　D. D

2. （　　）质量应按主控项目、一般项目进行验收。

A. 检验批　　　B. 分项工程　　　C. 分部工程　　　D. 单位工程

3. 单位（子单位）工程竣工后，预验收合格后应该由（　　）签署。

A. 监理员　　　B. 监理工程师　　　C. 总监理工程师　　　D. 项目经理

4. 建筑工程施工质量验收记录包括（　　）。

A. 检验批质量验收记录

B. 分项工程质量验收记录

C. 分部（子分部）工程质量验收记录

D. 单位工程质量验收记录

二、简答题

1. 分部（子分部）工程质量验收合格应符合哪些规定？

2. 单位（子单位）工程质量验收合格应符合哪些规定？

教学单元 4

监理资料

Chapter 04

教学目标

1. 知识目标

(1) 熟悉工程监理资料的分类、组成。
(2) 理解各种监理资料的概念，了解其相关知识。
(3) 掌握常用监理资料的内容、资料范式和填写方法、编制要求。

2. 能力目标

(1) 具备编写各类监理资料目录的能力。
(2) 具备收集、编写各类监理资料的能力。
(3) 具备整理、分类和归档各类监理资料的能力。
(4) 具备资料员所具有的初步职业能力。

3. 素质目标

(1) 培养学生爱岗敬业精神，提升职业素养。
(2) 培养学生认真细致、精益求精的工作态度，培养工匠精神。
(3) 着重培养学生增强法律意识，在工作中拒腐防蚀，树立正确的价值观、不做损人利己、损害集体和国家利益之事。

教学单元 4　监理资料

思维导图

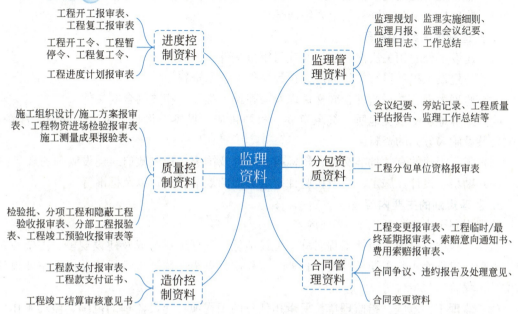

建设工程监理是监理单位受项目建设单位委托,依据我国相关建设法律、法规、政策文件、技术标准以及建设工程监理合同、建设工程施工合同等合同文件,对工程建设进行的监督、控制、指导和评价。监理资料是在建设工程监理实施过程中形成的并由监理单位收集、汇总、整理的文件或资料。本单元按照监理的属性和主要控制环节将监理资料划分为监理管理资料、进度控制资料、质量控制资料、造价控制资料、分包资质资料和合同管理资料六个方面。主要讲述各种监理资料的概念、资料范式、资料要求及填表方法等内容。

> 4.1 中国监理发展历史

4.1　监理管理资料

4.1.1　监理规划

监理规划是监理单位在签订委托监理合同及收到设计文件后由总监理工程师主持、专业监理工程师参加编制的,经监理单位技术负责人审核批准,用来指导项目监理机构全面开展监理工作的纲领性文件。

1. 监理规划的作用

(1) 监理规划是项目监理机构全面开展监理工作的具有可操作性的指导性文件。

(2) 监理规划是监理单位的主管部门对监理单位进行检查了解、考核评判的依据资料之一。

(3) 监理规划是建设单位确认监理单位是否全面、认真履行监理合同的主要依据。

(4) 监理规划是监理资料的重要组成部分。

2. 监理规划的编制依据

(1) 建设工程的相关法律、法规及项目审批文件。

(2) 与建设工程项目有关的标准、设计文件、技术资料。

(3) 监理大纲、委托监理合同文件以及与建设工程项目相关的合同文件。

(4) 工程地质、水文地质、气象资料、材料供应、勘察、设计、施工、交通、能源、市政公共设施等方面的资料。

(5) 工程报建的有关批准文件、招标投标文件及国家、地方政府对建设监理的规定。

(6) 勘察、设计、施工、质量检验评定等方面的规范、规程以及标准等。

3. 监理规划的主要内容

监理规划至少应包括以下12项内容。

(1) 工程项目概况,包括工程名称、建设地址、工程项目组成及建设规模、主要建筑结构类型、建筑面积、工期及开竣工日期、工程质量等级、预计工程投资总额、主要设计单位及工程总承包单位等。

(2) 监理工作范围,指监理单位所承担任务的工程项目建设监理的范围。监理工作范围应根据监理合同界定的工作范围来划分。如果监理单位承担全部工程项目的工程建设监理任务,监理的范围为全部工程项目。

(3) 监理工作内容,应根据监理工作界定的范围制定监理工作内容。在工程项目建设的不同阶段,监理的工作内容都不相同。如在项目的施工阶段,监理工作内容主要是三控制(投资控制、质量控制、进度控制)、二管理(信息管理、合同管理)、一协调(组织协调)。

(4) 监理工作目标,是监理单位所承担工作项目的投资、工期、质量等的控制目标,应按照监理合同所确定的监理工作目标来控制。

(5) 监理工作依据,建设工程相关的法律、法规、规范、标准;建设项目设计文件;监理大纲;委托监理合同文件以及与建设工程项目相关的合同文件。

(6) 项目监理机构的组织形式,按照项目监理机构的岗位设置采用的组织形式,用图或表的形式表示。

(7) 项目监理机构的人员配备计划,根据监理工作内容、工作复杂程度,配备相应层次和数量的总监理工程师、代表、专业监理工程师和监理员。

(8) 项目监理机构的人员岗位职责,包括项目监理机构各职能部门的职责以及各类监理人员的职责分工。

(9) 监理工作程序。

(10) 监理工作方法及措施,针对监理工作内容的不同方面制定详细的工作方法及相应的措施。

(11) 监理工作制度,包括监理会议制度、信息和资料管理制度、监理工作报告制度以及其他监理工作制度。

(12) 监理设施,包括由建设单位按照监理合同约定提供的设施和监理单位自备的监理设施。

工程项目较为特殊时，还应增加其他必要的内容。

4.1.2 监理实施细则

监理实施细则是根据监理规划，在落实各专业的监理责任后，由专业监理工程师编写，并经总监理工程师批准，针对工程项目中某一专业或某一方面开展监理工作的操作性文件。

1. 编制监理实施细则的一般要求

监理实施细则一定要根据不同工程对象有针对性地进行编写。

（1）对中型及以上或专业性较强的或技术复杂的工程项目，项目监理机构应编制监理实施细则；对规模较小或小型的工程可将监理规划编制得详细一点，不再另行编写监理实施细则。

（2）监理实施细则应符合监理规划的要求，并应体现项目监理机构对所监理的工程项目的专业特点，做到详细具体、具有可操作性。例如砖混、框架、排架、框剪等不同结构类型的建筑各有特点，在专业技术、管理和目标控制方面都有具体要求，应分别编制。

（3）监理实施细则编制程序、依据和主要内容应符合《建设工程监理规范》GB/T 50319—2013 的要求。

（4）要求监理实施细则必须在相应工程开始前编制完成。当某分部或单位工程按专业划分构成一个整体的局部或施工图未出齐就开工等情况时，可按工程进展情况分阶段编写监理实施细则。

（5）监理实施细则应由专业监理工程师编写。

（6）监理实施细则实施前必须经总监理工程师批准。

（7）在监理工作实施过程中，监理实施细则应根据实际情况进行补充、修改和完善。

2. 编制监理实施细则的依据

（1）已批准的监理规划。

（2）与专业工程相关的标准、设计文件和技术资料。

（3）施工组织设计。

3. 监理实施细则应包括的主要内容

（1）专业工程的特点。

（2）监理工作的流程。

（3）监理工作的控制要点及目标值。

（4）监理工作的方法及措施。

4.1.3 监理月报

监理月报，是在工程施工过程中项目监理机构就工程实施情况和监理工作定期向建设单位所作的报告。项目监理机构每月以监理月报的形式向建设单位报告本月的监理工作情况，使建设单位了解工程施工的基本情况，同时掌握工程进度、质量、投资及施工合同的各项目标完成的监理控制情况。

1. 监理月报的作用

监理月报应全面反映施工进展情况及监理工作情况,它主要的作用是:

(1) 向建设单位通报本月份工程各方面的进展情况,目前工程尚存在哪些待解决的问题。

(2) 向建设单位汇报在本月份中项目监理部做了哪些工作,收到什么效果。

(3) 项目监理部向监理公司领导及有关部门汇报本月份工程进度控制、工程质量控制、工程造价控制、合同管理、信息管理、资料管理及协调建设各方关系中所做的工作,存在的问题及其经验教训。

(4) 项目监理部通过编制监理月报总结本月份工作,为下一阶段工作作出计划与部署。

(5) 为上级主管部门来项目监理部检查工作时提供关于工程概况、施工概况及监理工作情况的说明文件。

2. 编制依据

(1)《建设工程监理规范》GB/T 50319—2013。

(2) 省市地方标准。

(3) 工程质量验收相关规范、规程和技术标准。

(4) 监理单位的有关规定。

3. 编制的基本要求

(1) 监理月报应由项目总监理工程师组织编制,签认后报送建设单位和监理单位。

(2) 监理月报报送时间由监理单位和建设单位协商确定。一般来说监理月报的编制周期为上月 26 日到本月 25 日,在下月 5 日前发出。

(3) 监理月报应真实反映工程现状和监理工作情况,做到数据准确、重点突出、语言简练,并附必要的图表和照片。

(4) 监理月报采用 A4 规格纸编写。

(5) 监理月报的封面由项目总监理工程师签字,并加盖项目监理机构公章。

4. 施工阶段监理月报的主要内容

(1) 本月工程概况。

(2) 本月工程形象进度。

(3) 工程进度,包括:

1) 本月实际完成情况与计划进度比较。

2) 对进度完成情况及采取措施效果的分析。

(4) 工程质量,包括:

1) 本月工程质量情况分析。

2) 本月采取的工程质量措施及效果。

(5) 工程计量与工程款支付,包括:

1) 工程量审核。

2) 工程款审批情况及月支付情况。

3) 工程款支付情况分析。

4) 本月采取的措施。

(6) 合同其他事项的处理情况,包括:

1）工程变更。
2）工程延期。
3）费用索赔。
（7）本月监理工作小结，包括：
1）对本月进度、质量、工程款支付等方面情况的综合评价。
2）本月监理工作情况。
3）有关本工程的意见和建议。
4）下月监理工作的重点。

5. 编写监理月报注意事项

（1）月报的内容要实事求是，按提纲要求逐项编写。要求文字简练、表达有层次、突出重点，多用数据说明，但数据必须有可靠的来源。

（2）提纲中列出的各项内容编排顺序不得任意调换或合并；各项内容如本期未发生，应将项目照列，并注明"本期未发生"。

（3）月报底稿要求字体工整，不得潦草，使用规范的简体汉字，使用国家标准规定的计量单位，如"m""cm""mm^2""kPa""MPa"等，不使用中文计量单位名称。

（4）文中出现的数字一律使用阿拉伯数字，如"地下2层""第15层"。

（5）各种技术用语应与各种设计、标准、规范、规程中所用术语相同。

（6）本规定中的各种表格的表号不得任意变动，不得自行增减栏目，也不得颠倒各栏目的排列顺序，以免打印时发生错误。

（7）月报中参加工程建设各方的名称做如下统一规定：

1）建设单位：不使用"业主""甲方""发包方""建设方"。

2）承包单位：不使用"乙方""承包商""承包方"；可使用"总包单位"和"分包单位"；承包单位分包的包清工的建筑队一律称包工队；承包单位派驻施工现场的执行机构统称"项目经理部"。

3）监理单位：不使用监理方；监理单位派驻施工现场的执行机构统称项目监理部。一般不宜单独使用"监理"一词，应具体注明所指为监理公司、监理单位、项目监理部、监理人员或者监理工程师。

4）设计单位：不使用"设计院""设计""设计人员"等。

（8）文稿中所用的图表及文件，要求字迹及图表线条清楚，一律使用黑色或蓝黑色墨水，或黑色圆珠笔，不得使用铅笔或红蓝铅笔。

（9）各项目监理部编写的监理月报，应按目录顺序排列，各表格应排列至相应适当位置，并装订成册，经总监理工程师检查无误并签认后再打印。

（10）各项图表填报的依据及各表格中填报的统计数字，均应由监理工程师进行实地调查或进行实际计量计算，如需承包单位提供时，也应进行审查与核对，无误后自行填写，严禁将图表、表格交承包单位任何人员代为填报。

4.1.4　监理会议纪要

会议纪要，是指施工监理过程中，根据项目监理机构主持的会议（包括工地例会和专题会议）记录整理，并经有关各方签字认可的文件。

1. 工地例会

工地例会是总监理工程师定期主持召开的工地会议，其内容应包括以下几个方面：

（1）检查上次例会议定事项的落实情况，分析未完事项原因。

（2）检查分析工程项目进度计划完成情况，提出下一阶段进度目标及其落实措施。

（3）检查分析工程项目质量状况，针对存在的质量问题提出改进措施。

（4）检查工程量核定及工程款支付情况。

（5）解决需要协调的有关事项。

（6）其他有关事宜。

2. 专题会议

专题会议是为解决施工过程中的各种专项问题而召开的不定期会议，由总监理工程师或其授权的监理工程师主持，工程项目各主要参建单位参加，会议应有主要议题。专题工地会议纪要的形成过程与工地例会相同。

3. 填写说明

会议纪要应简明扼要地写清楚会议的主要内容及中心议题（即与会各方提出的主要事项和意见），会议达成的一致意见、下步工作安排和对未解决问题的处理意见。工地例会还包括检查上次例会议定事项的落实情况。

4. 资料要求

（1）会议纪要必须及时记录、整理，记录内容齐全，对会议中提出的问题记录准确，技术用语规范，文字简练明了。

（2）会议纪要由项目监理机构起草，总监理工程师审阅，与会各方代表签字。

（3）会议记录必须有会议名称、主持人、参加人、会议时间、地点、会议内容、参加人员签章。

4.1.5 监理日志

监理日志，是项目监理机构在被监理工程施工期间每日记录气象、施工工作、监理工作及有关事项的日记。其是监理资料中重要的组成部分，是监理服务工作量和价值的体现，是工程实施过程中最真实的工作证据，也是监理人员素质和技术水平的体现。监理日志中应真实、准确、全面地记录工程施工过程中的监理工作及相关事项。

1. 填写说明

（1）"质量控制"：工程物资进场检验，施工作业及工序产品检验，监理的巡视、查验、旁站、见证、平行检测，对质量问题采取的措施等。

（2）"进度控制"：实际施工进度，实际进度与计划进度的对比，应当采取的措施等。

（3）其他记事：

1）重要机械设备的使用情况及施工人员的变动情况。

2）建设单位对工程实施提出的重要建议。

3）项目监理机构对承包项目部下达的指令。
4）总监理工程师对监理人员的重要指示。
5）现场发生的其他重要问题及处理情况。
6）会议情况。
7）其他需要记载的问题。

2. 资料要求

监理日志以单位工程为记录对象，从工程开工之日起至工程竣工日止，由专人或相关人记载，记载内容应保持其连续和完整。

监理日记应使用统一制定的表格形式，每册封面应标明工程名称、册号、记录时间段及设计、施工、监理单位名称，并由总监理工程师签字。

（1）监理人员巡检、专检或工作后应及时填写监理日志并签字。

（2）监理日志不得补记，不得隔页或扯页以保持其原始记录。

（3）监理日志必须及时记录、整理，应做到记录内容齐全、详细、准确，真实反映当天的具体情况；技术用语规范，文字简练明了。

3. 监理工作工程巡检中监理日志的记录内容

（1）砌体工程

1）明确记录工程巡检的区段与范围。

2）对总体砌体质量如组砌方法、灰缝（十皮砖平均高度，平均灰缝厚度，最大、最小灰缝宽度等）、砖的质量、墙面平整度、砌体加筋（钢筋弯钩、伸入长度、钢筋的数量及断面）、砌体留槎（同时砌筑或留置凸槎）、构造柱（马牙槎、凸凹尺寸）、砂浆（稠度、和易性和砂浆饱满度）等予以记录。

（2）混凝土工程

1）明确记录工程巡检的区段与范围。

2）对总体混凝土质量如混凝土工程用材料（水泥、砂、石子、外加剂、掺合料等的质量及出厂合格证及试验报告单）、混凝土配合比（试配、施工配合比、盘、磅、实际计量等）、模板（清理、浇水湿润、平整度、粘贴缝条、标高、构件断面、模板支撑）、混凝土拌和时间、混凝土稠度（坍落度测验）、混凝土运输、现场浇筑（混凝土浇筑的部位、数量、厚度）、振捣、施工缝处理、混凝土养护等。

（3）其他诸如地基与基础工程、钢筋混凝土工程、装饰装修工程、屋面工程、地面工程、地下防水工程、木结构工程、钢结构工程、给水排水与供暖工程、建筑电气工程、通风与空调工程、电梯工程、智能化工程等均应根据其工程的施工内容，通过旁站、巡检等方式进行监理并按工艺特点、重要环节予以记录。

4.1.6 旁站记录

旁站记录，是在工程项目实施过程中，项目监理人员在施工现场对承包商的施工活动进行的跟踪监理。旁站监理是监理单位执行规定所应尽的职责，是监理单位为保证工程质量的自身价值体现。

1. 资料要求

（1）旁站记录应及时、准确；内容完整、齐全，技术用语规范，文字简练明了。

（2）旁站记录是监理工程师或总监理工程师依法行使其签字权的重要依据。对于需要旁站监理的关键部位、关键工序施工，凡没有实施旁站监理或者没有旁站监理记录的，监理工程师或总监理工程师不得在相应文件上签字。

（3）经工程师验收后，应当将旁站监理记录存档备查。

（4）签字及盖章必须齐全，不得代签和加盖手章，不签字的无效。

2. 旁站记录内容要点

（1）记录旁站部位或工序名称，说明该部位是关键部位或关键工序。

（2）旁站起讫时间、地点、气候与环境（如冬季、酷夏、特殊天气）。

（3）旁站施工中执行规范、设计等的情况。例如混凝土工程中的坍落度、和易性、浇筑厚度、施工缝处理等，钢筋位移、保护层厚度、预埋件固定等控制情况。

（4）旁站工作中对所监理的关键部位、工序等的质量控制情况，对旁站监理系统的工程质量的总体评价。

（5）旁站工作中发现的操作、工艺、质量等方面的问题；旁站中有无突发性事故发生，如有是什么内容；提出了哪些解决办法。

（6）旁站的工程质量结果如何。

（7）其他应记录的内容和要点。

3. 旁站工作要点

（1）旁站的范围

施工阶段监理中对房屋建筑工程的关键部位、关键工序的施工质量实施全过程现场跟班监督活动。

关键部位与关键工序的质量控制，不同结构类型的工程，其控制内容是不同的。地基基础工程，包括土方回填、混凝土灌注桩浇筑、地下连续墙、土钉墙、后浇带等其他结构混凝土、防水混凝土浇筑、卷材防水细部构造处理、钢结构安装；主体结构，包括梁柱节点钢筋隐蔽过程、混凝土浇筑、预应力张拉、装配式结构安装、钢结构安装等。

监理单位在编制监理规划时，应当制定旁站监理方案，明确旁站监理的范围、内容、程序和旁站监理人员的职责等。

（2）旁站的主要任务

1）见证整个单项产品质量的形成过程，必须做到记录齐全，发现问题必须及时解决。

2）监督施工单位严格按照设计和规范要求施工。

（3）旁站的主要操作程序

1）检查全部工程的材料、半成品和构配件是否经过检验，是否合格。

2）检查特殊工种的上岗操作证书，无证不准上岗。

3）检查施工机械、设备运行是否正常。

4）检查施工环境是否对工程质量产生不利影响。

5）按批准执行的施工方案、操作工艺，检查操作人员的技术水平，操作条件是否达到标准要求，是否经过技术交底。

6）检查施工是否按技术标准、规范、规程和批准的设计文件、施工组织设计、工程建设标准强制性条文施工。

7）施工方的质量管理人员、质量检查人员，必须在岗并定期进行检查。

8）对已施工的工程进行检查，看其是否存在质量和安全隐患，发现问题及时上报。

9）做好监理的有关资料填报、整理、签审、归档等工作。

(4) 旁站必须考核的内容

1）旁站的时间考核，必须保证全过程监理。

2）旁站的工程质量考核，必须保证旁站的工程质量符合设计和规范规定的质量标准。

3）旁站监理的绩效考核，保证旁站达到最佳的质量效果。

4.1.7　工程质量评估报告

工程质量评估报告是项目监理机构对被监理工程的单位（子单位）工程施工质量进行总体评价的技术性文件。监理单位应在工程完成且于验收评定后一周内完成。

工程质量评估报告是在被监理工程预验收后，由总监理工程师组织专业监理工程师编写。

工程监理质量评估经项目监理机构对竣工资料及实物全面检查、验收合格后，由总监理工程师签署工程竣工报验单，并向建设单位提出质量评估报告。

工程质量评估报告由总监理工程师和监理单位技术负责人签字，并加盖监理单位公章。

工程质量评估报告编写的主要依据是：(1) 坚持独立、公正、科学的准则；(2) 以平时质量验收并经各方签认的质量验收记录为依据；(3) 以建设、监理、施工单位竣工预验收汇总整理的资料为依据，这些资料包括单位（子单位）工程质量竣工验收记录、单位（子单位）工程质量控制资料核查记录、单位（子单位）工程安全和功能资料核查及主要功能抽查记录、单位（子单位）工程观感质量检查记录等。

4.5
工程质量
评估报告

工程质量评估报告应包括下列主要内容：

(1) 工程概况：包括工程名称、结构类型、工程等级、工程地点、建筑类型、建筑面积及层数。

(2) 工程开工及竣工时间。

(3) 工程规划许可证及施工许可证号。

(4) 监督部门名称及监督注册编号。

(5) 工程项目各参建方名称及资质等级。

(6) "工程项目监理人员"：包括监理人员姓名、职务、专业、证件编号等。

(7) 工程质量控制资料检查意见。

(8) 施工单位项目质量体系审查情况。

(9) 工程使用的主要原材料、构配件、设备质量控制及认定情况。

(10) 单位（子单位）工程所包含的分部（子分部）、分项工程、检验批，并逐项说明其施工质量验收情况。主要包括：
　　1）天然地基施工：地基验槽与地基钎探情况，地基局部处理情况，地基处理中设计参数的满足程度，地基处理中混合料的配合比、材质、夯实等情况，取样检验情况等。
　　2）复合地基施工：复合地基所用材料质量、配比及试验、成孔、分层夯填及夯实情况，复合地基所用水泥土、灰土、砂、砂石等的测试结果及评价，复合地基总体检测结果与评价，满足设计及规范要求情况。
　　3）桩基础施工：灌注桩成孔（孔径、深度、清淤、垂直度等）质量，灌注桩钢筋笼检查，灌注桩混凝土浇筑（计量、坍落度、灌注时间等），试块取样数量及试验，打入桩桩身质量、贯入锤击数试验等满足设计情况，接桩（电焊或硫磺胶泥）施工情况，静压桩的最终试验结果满足设计情况。
　　4）主体工程的总体质量评价。按相关建筑安装工程施工质量验收规范所列主体分部内的主要检验批、分项工程质量实施评定结果分别进行质量评价。
　　5）幕墙材料与安装质量实施验收结果总体评价。
　　6）装饰工程质量实施验收结果总体评价。
　　7）建筑材料质量实施验收结果总体评价。
　　8）对建筑设备安装工程中需要进行功能试验的工程项目，包括单机试车和无负荷试车等。
（11）施工过程中出现的质量问题的整改落实情况。
（12）结构及使用功能关键部位是否符合设计要求。
（13）住宅工程分户验收情况。
（14）施工过程质量事故和主要质量问题、原因分析及处理结果。
（15）对工程施工质量的综合评估意见。

4.1.8　监理工作总结

　　监理工作总结，是指监理单位对履行委托监理合同情况及监理工作的综合性总结。监理工作总结由总监理工程师组织项目监理机构有关人员编写。

1. 资料要求

（1）应能客观、公正、真实地反映工程监理的全过程。
（2）能对监理效果进行综合描述和正确评价。
（3）能反映工程的主要质量状况、结构安全、投资控制及进度目标的实现情况。
（4）监理工作总结的内容应符合《建设工程监理规范》GB/T 50319—2013 第 7.2.4 条的规定。
（5）监理工作总结由项目总监理工程师、监理单位负责人签字盖章，并在施工阶段监理工作结束时，由监理单位向建设单位提交。

2. 填写说明

（1）工程概况：主要包括工程名称（填写全称），工程地址（填写详址），工程规模及工程概算投资额或建筑安装工程费。

(2) 工程控制目标：质量目标、进度目标、造价目标。

(3) 工程参建单位及参建主要人员：建设单位、勘察单位、设计单位、监理单位、承包单位、分包单位、质量监督单位等。

(4) 项目监理机构成员及变动情况。

(5) 监理合同履行情况：质量、进度和造价控制情况，安全生产管理的监理工作情况，合同和信息管理情况以及协调工作情况。

(6) 监理工作中发生的问题及处理情况。

(7) 说明和建议。

4.1.9 监理报告

监理报告，是指当施工现场发生重大质量事故或存在严重质量隐患不能及时消除、违法违规行为不能有效制止时，监理单位应当立即向建设工程质量监督站报告。

4.6 监理报告

1. 填写说明

(1) 项目监理机构在实施监理过程中，发现工程存在安全事故隐患时，应签发监理通知单，要求施工单位整改；情况严重时，应签发工程暂停令，并应及时报告建设单位。施工单位拒不整改或不停止施工时，项目监理机构应及时向有关主管部门报送监理报告。

(2) 填表时应说明工程名称、施工单位、工程部位，并附监理处理过程文件（附有监理通知单、工程暂停令等时，应说明时间和编号），以及其他检测资料、会议纪要等。

(3) 紧急情况下，项目监理机构通过电话、传真或电子邮件方式向政府有关主管部门报告的，事后应以书面形式的监理报告送达政府有关主管部门，同时抄送建设单位、工程监理单位以及承包项目部。

4.1.10 监理工作联系单

监理工作联系单，是指在施工过程中，与监理有关各方的工作联系用表。即与监理有关的某一方需向另一方或几方告知某一事项、督促某项工作，或提出某项建议时发出的联系文件。要注意的是，监理工作联系单不是指令，也不是监理通知，对方执行情况不需要书面回复时均用此表。

1. 填写说明

监理工作联系单要求内容完整、齐全，技术用语规范，文字简练明了。事由一般包括：

(1) 召开某种会议的时间、地点安排。

(2) 建设单位向监理机构提供的设施、物品及监理机构在监理工作完成后向建设单位移交的设施及剩余物品。

(3) 建设单位、承包单位就本工程及本合同需要向监理机构提出保

4.7 监理工作联系单

密的有关事项。

（4）建设单位向监理机构提供的本工程合作的原材料、构配件、机械设备生产厂家名录以及与本工程有关的协作单位、配合单位的名录。

（5）按《建设工程监理合同》监理单位所有权利中需向委托人书面报告的事项。

（6）监理单位调整项目总监理工程师及监理人员。

（7）建设单位要求监理单位更换监理人员。

（8）监理合同的变更与终止。

（9）监理费用支付通知。

（10）监理机构提出的合理化建议。

（11）承包单位认为不合理的指令，提出的修改意见。

（12）紧急情况下无法与专业监理工程师联系时，项目经理采取保证人员生命和财产安全的紧急措施，并在采取措施后 48h 内向专业监理工程师提交的报告。

（13）对不能按时开工提出延期开工理由和要求的报告。

（14）实施爆破作业、在放射性毒害环境中施工及使用毒害性、腐蚀性物品，施工承包单位在施工前 14d 内向专业监理工程师提出的书面通知。

（15）可调价合同发生实体调价的情况时，承包单位向专业监理工程师发出的调整原因、金额的书面通知。

（16）索赔意向通知。

（17）发生不可抗力事件，承包单位向专业监理工程师通报受害损失情况；承包单位提出使用专利技术和特殊工艺，向专业监理工程师提出的书面报告。

（18）在施工中发现文物、地下障碍物，向专业监理工程师提出的书面报告等其他各方需要联系的事宜。

"发文单位"，指提出监理工作联系事项的单位，如建设单位、监理单位、承包单位。填写本工程现场管理机构名称全称并加盖公章。

"负责人"，指提出监理工作联系事项单位在本工程中的负责人。建设单位为驻工地代表，监理单位为项目总监理工程师，承包单位为项目经理。

4.1.11 监理通知单

监理通知单，是指监理单位认为在工程实施过程中需要让建设单位、设计单位、勘察单位、施工单位、材料供应商等各方应知的事项而发出的监理文件。

在监理工作中，项目监理机构按监理合同授予的权利，对承包单位所发出的指令、提出的要求，除另有规定外，均应采用此表。监理工程师现场发出的口头指令及要求，也应采用此表予以确认。

监理通知单的内容，承包单位应认真执行，并将执行结果用监理通知回复单报监理单位复核。

4.8 监理通知单

1. 填表说明

（1）"致_____"：指监理单位发给某单位的施工项目经理部名称。

（2）"通知事由"：指通知事项的主题（发生问题的部位、问题的性质、提出问题的依据)。

(3) "通知内容": 指通知事项的详细说明和对承包单位的工作要求、指令等。

2. 资料要求

(1) 本表由监理单位填写。填写时内容应齐全、完整,文字简明易懂。

(2) 监理通知单的办理必须及时、准确。

(3) 监理通知单上,项目监理机构必须加盖公章和总监理工程师签字,不得代签和加盖手章,不签字的无效。

(4) 监理通知单需附图时,附图应简单易懂,且能反映通知内容。

3. 监理通知单内容

(1) 当施工过程中出现了与设计图纸不符,与规范、规程及监理工作要求相违背的问题时,由监理单位向施工单位、材料供应商等单位发出的通知,通知中应说明违章的内容、程度、建议或改正措施。

(2) 建设单位组织协调确定的事项,需要设计单位、施工单位、材料供应商等各方实施,且需由监理单位发出通知的事宜。

(3) 监理在旁站、巡视过程中发现需要及时纠正的事宜,通知应包括工程部位、地段、发现时间、问题性质、要求处理的程度等。

(4) 季节性天气预报的通知。

(5) 工程计量的通知。

(6) 试验结果需要说明或指正的内容等。

4.1.12 监理通知回复单

监理通知回复单,是指监理单位发出监理通知,承包单位对监理通知单或工程质量整改通知执行完成后,报项目监理机构请求复查的回复用表。承包单位完成监理通知回复单中要求继续整改的工作后,仍用此表回复。

4.9 监理通知回复单

1. 填写说明

(1) "我方收到编号为_____": 填写所回复的监理通知单的编号。

(2) "已完成了监理通知单中所列各项工作": 按监理通知单或工程质量整改通知要求完成的工作填写。

(3) "说明": 针对监理通知单的要求,简要说明落实过程、结果及自检情况,必要时附有关证明资料。

(4) "审查意见": 专业监理工程师应详细核查承包单位所报的有关资料,符合要求后针对工程质量实体的缺陷整改进行现场检查,符合要求后填写"已按监理通知单整改完毕,经检查符合要求"的意见;如不符合要求,应具体指明不符合要求的项目或部位,签署"不符合要求,要求承包单位继续整改"的意见,直至承包单位整改符合要求。

(5) "项目监理机构": 指与建设单位签订监理合同的法人单位指派到施工现场的项目监理机构,签章有效。

(6) "总监理工程师": 指与建设单位签订监理合同的法人单位指派到施工现场的项目

总监理工程师,签字有效。

(7)"专业监理工程师":指与建设单位签订监理合同的法人单位指派到施工现场的项目专业监理工程师,签字有效。

2. 资料要求

(1)承包单位提交的监理通知回复单的内容必须齐全、真实、详细,承包单位章,项目经理签字。

(2)由项目监理机构的专业监理工程师先行审查,填写审查意见。总监理工程师认真审核后由项目监理机构签章,总监理工程师、专业监理工程师签字执行。

(3)本表由承包单位填报。项目监理机构的总监理工程师或专业监理工程师签认。

(4)承包单位填报的监理通知回复单应附详细内容,包括监理通知单、工程质量整改通知、工程暂停指令等提出的整改内容。

(5)对于监理通知回复单的内容承包单位、项目监理机构应做到规范技术用语,内容有序,字迹清楚。

4.1.13　总监理工程师任命书

4.10 总监理工程师任命书

(1)本资料表适用于签订《建设工程监理合同》后,工程监理单位对总监理工程师的任命以及相应的授权范围,是对建设单位的书面通知。

(2)工程监理单位法定代表人应根据《建设工程监理合同》约定,任命有类似工程管理经验的注册监理工程师担任项目总监理工程师。

(3)总监理工程师任命书在《建设工程监理合同》签订后发出,由工程监理单位法定代表人签字,加盖监理单位公章。

4.1.14　见证单位及见证人授权书

4.11 见证单位及见证人授权书

见证单位及见证人授权书,是建设单位委托监理单位向监督该工程的质量监督部门申报备案用表,也是通知施工单位和委托进行试验检验的试验单位(实验室或检测中心)的用表。见证人员应由该工程的监理单位或建设单位中具备建筑施工知识和具有见证员资格的专业技术人员担任。

填写说明:

(1)填写监督本工程的质量监督部门的全称和委托试验单位的名称。

(2)填写见证单位的名称和在施工程的名称。

(3)填写见证人的姓名,本人签字手迹和见证人编号并盖上见证印章。

(4)填写见证单位的地址、联系电话、法人代表姓名。

(5)加盖申报的监理或建设单位公章,注明日期。

4.2 进度控制资料

4.2.1 工程开工报审表

（1）本资料表用于单位工程项目开工报审，施工合同中含有多个单位工程且开工时间不一致时，同时开工的单位工程都应填报一次。

（2）"单位工程"：指相应的建设项目或单位工程名称，应与施工图的工程名称一致。

（3）项目经理必须签字并加盖施工单位公章。

（4）总监理工程师应根据表中所列条件审核后签署意见，并报建设单位同意后签发开工令。

4.2.2 工程复工报审表

（1）本资料表用于因各种原因工程暂停后，停工原因消失，施工单位准备恢复施工，向监理单位提出复工申请时使用。

（2）"报审附件"：是指能够证明已具备复工条件的相关文件资料，包括相关检查记录、有针对性的整改措施及其落实情况、会议纪要、影像资料等。当导致暂停的原因是危及结构安全或使用功能时，整改完成后，应有建设单位、设计单位、监理单位各方共同认可的整改完成文件，其中涉及建设工程鉴定的文件必须由有资质的检测单位出具。

（3）"_____部位/工序"：填写相应停工令所暂停的分部分项工程名称及工程部位，即需要复工的部位。

（4）"总监理工程师审核意见"：收到施工单位报送的工程复工报审表后，专业监理工程师按照停工指示或监理部发出的工程暂停令指出的停工原因进行调查、审核和评估，并对施工单位提出的复工条件证明资料进行审核后提出意见，由总监理工程师做出是否同意申请的批复。

（5）"建设单位意见"：由建设单位代表填写审批意见并签字盖单位公章。

4.2.3 工程开工令

（1）总监理工程师组织专业监理工程师审查施工单位报送的工程开工报审表及相关资料，确认具备开工条件，报建设单位批准同意开工后，总监理工程师签发工程开工令，指示施工单位开工。

（2）总监理工程师应根据建设单位在工程开工报审表上的审批意见签署

工程开工令。

（3）工程开工令中应明确具体的开工日期，并作为施工单位计算工期的起始日期。

4.2.4 工程暂停令

1. 填写说明

（1）"致：_____"：填写施工该单位工程的施工项目部名称，按全称填写。

（2）"____部位/工序"：填写本暂停令所停工工程项目的范围。

（3）"承包项目部应做好以下后续工作"：工程暂停后要求承包单位所做的有关工作，如对停工工程的保护措施，针对工程质量问题的整改、预防措施等。

2. 资料要求

（1）本资料表由监理单位填写、下发。

（2）工程暂停令办理必须及时、准确，通知内容完整，技术用语规范，文字简练明了。

（3）工程暂停指令项目监理机构必须加盖监理机构公章和总监理工程师签字、加盖执业印章，不得代签和加盖手章，不签字的无效。

（4）因试验报告单不符合要求下达停工指令时，应注意在指令中说明试验编号，以备核对。

（5）工程暂停令由监理工程师提出建议并经总监理工程师批准，经建设单位同意后下发。

3. 签发工程暂停令时相关问题的处理

（1）工程暂停原因是承包单位的原因造成，承包单位申请复工时，除了填报工程复工报审表外，还应报送针对导致停工原因所进行的整改工作报告等有关材料。

（2）工程暂停原因是非承包单位的原因造成，若是建设单位的原因（或应由建设单位承担责任的风险），总监理工程师在签发工程暂停令之后，应尽快按承包合同的规定处理因工程暂停引起的工期、费用等有关问题。

（3）施工中出现下列情况之一者，总监理工程师应及时下达工程暂停令，要求承包单位停工整改、返工。

1）建设单位要求停工，但总监理工程师经过独立的判断，也认为有必要暂停施工时，可签发工程暂停令；若总监理工程师经过独立的判断认为没有必要暂时停工，则不签发工程暂停令。

2）施工单位未经批准擅自施工或拒绝项目监理机构管理的。

3）施工单位未按审查通过的工程设计文件施工。

4）施工单位违反工程建设强制性标准的。

5）施工存在重大质量、安全事故隐患或发生质量、安全事故的。

4.2.5 工程复工令

（1）本资料表适用于导致工程暂停施工的原因消失，具备复工条件时，施工单位提出复工申请，并且工程复工报审表及相关材料经审查符合要求后，总监理工程师签发指令同意或要求施工单位复工；施工单位未提出复工申请的，总监理工程师应根据工程实际情况指令施工单位恢复施工。

4.16 工程复工令

（2）因建设单位原因或非施工单位原因引起的工程暂停的，在具备复工条件时，应及时签发工程复工令，指令施工单位复工。

（3）表内应注明复工的部位和范围、复工日期等，并附工程复工报审表等其他相关说明文件。

（4）项目监理盖章外，还需总监理工程师签字并加盖执业印章。

4.2.6 工程进度计划报审表

工程进度计划报审表，是由承包单位根据已批准的施工总进度计划，按承包合同约定或监理工程师的要求编制的施工进度计划，报项目监理机构审查、确认和批准的资料。

4.17 工程进度计划报审表

1. 填写说明

（1）"本工程＿＿＿＿进度计划"：填写所报进度计划的时间和工程的名称。

（2）"报审附件"：报审的工程施工进度计划，包括编制说明、形象进度、工程量、机械、劳动力计划。

（3）"总监理工程师审查意见"：对施工进度计划，主要审核其与所批准总进度计划的开、完工时间是否一致；主要工程内容是否有遗漏，各项施工计划之间是否协调；施工顺序的安排是否符合施工工艺要求；材料、设备、施工机械、劳动力、水电等生产要素供应计划能否保证进度计划的需要，供应是否均衡；对建设单位提供的施工条件的要求是否准确、合理。

2. 施工进度计划报审程序

（1）承包单位按施工合同要求的时间编制好施工进度计划，并填报施工进度计划报审表报监理机构。

（2）总监理工程师按施工合同要求的时间，对承包单位所报施工进度计划报审表予以确认或提出修改意见。应该注意，编制和实施施工进度计划是承包单位的责任，因此监理机构对施工进度的审查或批准，并不解除承包单位对施工进度计划的责任和义务。

4.3 质量控制资料

4.3.1 施工组织设计/施工方案报审表

4.18
施工组织
设计/施工
方案
报审表

施工组织设计/施工方案报审表是用于承包单位向项目监理机构报审施工组织设计（方案）的资料。

工程项目开工前，承包单位按施工合同规定的时间向项目监理机构报送自审手续完备的施工组织设计（方案），总监理工程师组织专业监理工程师在合同规定时间内完成审查工作，提出审查意见，并经总监理工程师审核、签认后，返回承包单位并报建设单位。审查不合格的施工组织设计（方案），监理工程师应提出修改完善的审查意见，要求承包单位在指定时间内重新报审。

1. 填写说明

（1）"…… ＿＿＿＿＿ 施工方案……"：填写相应的分部、分项工程或关键工序名称。

（2）"报审附件"：需要审批的施工组织总设计，单位工程施工组织设计或施工方案。

（3）"总监理工程师审核意见"：总监理工程师对施工组织设计（方案）内容的完整性、符合性、适用性、合理性、可操作性及实现目标的保证措施的审查确认，并签字盖章。

2. 资料要求

（1）本表由施工单位填报，项目监理机构的专业监理工程师审核，总监理工程师签发。需经建设单位同意时，应经建设单位同意后签发。

（2）如经批准的施工组织设计（方案）发生改变，项目监理机构要求将变更方案报送时也采用此表。

3. 施工组织设计审查要求

（1）承包单位提送报审的施工组织设计（方案），文件内容必须具有全面性、针对性和可操作性，项目负责人必须签字，报送单位必须加盖公章；施工组织设计应符合施工合同要求。

（2）承包单位必须完成施工组织设计的编制及自审工作，并填写施工组织设计（方案）报审表，报送项目监理机构审查。

（3）总监理工程师应在约定时间内组织专业监理工程师审查，提出审查意见后，由总监理工程师审定批准。需要承包单位修改时，由总监理工程师签发书面意见，退回承包单位修改后再报审，总监理工程师应重新审定。

（4）审定的施工组织设计由项目监理机构报送建设单位。

（5）承包单位应按审定的施工组织设计文件组织施工。如需对其内容做较大变更，在实施前将变更内容书面报送项目监理机构重新审定。

（6）对规模大、结构复杂或属新结构、特种结构的工程，项目监理机构应在审查施工组织设计后，报送监理单位技术负责人审查，组织有关专家会审。

4.3.2 工程物资进场检验报审表

工程物资进场检验报审表，是承包单位对拟进场的主要工程材料、构配件、设备，在自检、复试、测试合格后报项目监理机构进行进场验收，并将复试结果及出厂质量证明文件作为附件报项目监理机构审核、确认，进而给予批复的文件。报验完毕后，附件归还施工单位存档。

对未经监理人员验收或验收不合格的工程材料、构配件、设备，监理人员应拒绝签认，承包单位不得在工程上使用，并应限期将不合格的材料、构配件、设备撤出现场。

1. 填写说明

（1）"……_____（工程物资）……："可以填写工程材料、构配件、设备等物资。

（2）"部位"：填写工程材料、构配件、设备拟用于工程的具体部位。

（3）"报审附件"：进场验收记录、合格证明材料、复试试验报告等。凡无国家正式标准的新材料、新产品、新设备，应有省级及以上有关部门鉴定文件，并委托国家认可的检测机构进行试验，出具检测报告。凡进口的材料、产品、设备，应有商检的证明文件。

2. 资料要求

（1）承包项目部应对进场工程物资的名称、规格、数量、进场时间、使用部位、产品质量证明（合格）文件等资料进行详细检查验收，当工程物资采用进口产品时，还应对商检证明文件进行审查验收。

（2）承包项目部填报工程物资进场检验报审表，须经项目负责人签字；报审附件包括原材料（构配件）进场验收记录、附产品质量证明（合格）文件、检查报告等，报项目监理机构和建设单位，共同进行进场验收。

（3）承包项目部对工程物资的资料审查和外观检验合格后，对有复试要求的工程物资，依据见证取样的批量要求，在监理人员见证下由承包项目部抽样人员抽取样品送交实验室检验，并应及时将见证检测报告上报现场项目监理机构复核，再次填报工程物资进场检验报审表报现场项目监理机构验收。

（4）承包项目部填表上报，相关专业监理工程师审核附件是否完整、有效。附件存在缺陷，要求承包项目部补充完善。附件存在严重缺陷，应签署意见报项目总监理工程师，项目总监理工程师核定签字后退承包项目部，令其重报。

（5）检验不合格或见证取样检验不合格，专业监理工程师和项目总监理工程师分别在报审表上签署意见，下发监理通知单不能进场使用，并限期退场。

（6）承包项目部按审查意见落实，本表项目监理机构留存一份，退承包项目部一份，以上工作宜在当日内完成并将资料整理齐全。建设单位要求留存时，收件人应签收、注明时间（附件留存根据重要性、合同或企业要求确定）。

4.3.3 施工测量成果报验表

在施工准备阶段，确保施工测量基础性成果的准确性和可靠性，是确保整个施工过程工程质量的基础保障。专业监理工程师应在工程施工准备阶段对承包项目部负责的该项目工作实施控制。

4.20 施工测量成果报验表

1. 填写说明

（1）"_____施工测量"：填写具体的测量工作，如平面定位测量、高程测量等。

（2）填写测量员的姓名、操作资格证书编号。

（3）填写测量设备名称及编号。

（4）"报审附件"：应包括施工平面控制网、高程控制网和临时水准点的测量成果等资料。

2. 资料要求

（1）专业监理工程师应对专业测量人员的资格及设备进行确认。

（2）专业监理工程师对控制桩的保护措施进行检查。所有控制桩的点位应设立在通视良好、便于施测、利于长期保护、不易受破坏的地点，且有可靠的保护措施。

4.3.4 检验批、分项工程和隐蔽工程验收报审表

4.21 检验批、分项工程和隐蔽工程验收报审表

1. 填写说明

（1）本表通用性较强，用于各专业检验批、分项工程报验，技术复核，隐蔽工程验收等。

（2）"报审附件"：根据报审内容，应为检验批质量检验记录、隐蔽工程检查验收记录等。

（3）本表由专业（总）监理工程师根据施工单位所报审的实际内容填写齐全和有效的审查意见，不得填写"合格""符合要求"或"同意验收"等简单、没有针对性的审查意见用语。

2. 资料要求

（1）专业监理工程师应对承包项目部提出检验批、分项工程和隐蔽工程的报验进行验收。验收合格给予签认，同意进入下一道工序施工；验收不合格的应要求承包项目部限期整改并重新报验。

（2）发现承包项目部未经监理验收私自覆盖工程隐蔽部位或已经监理同意覆盖的工程隐蔽部位质量有疑问的，专业监理工程师应要求承包项目部对该隐蔽部位进行钻孔探测、剥离或用其他方法重新检验。

（3）承包项目部在施工部位报验前，应对报验部位先行自检达到相应质量标准，同时要将各项符合规定要求的待检资料整理齐备，然后填写本表，向现场项目监理机构报验，须经专业监理工程师签字。

（4）对承包项目部上报各项报验表，专业监理工程师对随表附件（施工部位同时形成

的各项资料可以一起报验)及工程部位均应进行审查,并签发审查意见。若存在一般性问题,可口头整改、完善、然后再进行审查批复。对存在严重缺陷,应签发监理通知单要求承包项目部限期整改。承包项目部整改完成应按地方监理规程填写监理通知回复单报请专业监理工程师复查签认。

(5)承包项目部按审定意见落实,本表监理留存一份,退承包项目部一份,以上工作宜在两日内完成并将资料整理齐全。建设单位要求留存时,收件人应签收、注明时间(附件留存根据工程重要性、合同或企业要求确定)。

4.3.5 分部工程报验表

分部(子分部)工程施工完毕,施工单位提出分部(子分部)工程报验申请时须填报表分部/子分部工程验收报审表。

4.22 分部/子分部工程验收报审表

1. 填写说明

(1)"……_____分部/子分部工程……":填写分部或子分部工程的具体部位。

(2)"报审附件":所报验的分部(子分部)工程质量验收记录表,工程质量控制资料,安全和功能检验(检测)报告,观感质量验收记录等。

(3)项目监理机构对所报分部(子分部)工程进行认真核查,确认资料是否齐全、填报是否符合要求,并根据现场实际检查情况按表式项目签署审查意见,分部(子分部)工程由总监理工程师组织验收并签署验收意见。

2. 资料要求

(1)建设单位项目负责人或总监理工程师组织施工单位项目负责人和技术、质量负责人进行验收。勘察、设计单位项目负责人和施工单位技术质量部门负责人应参加地基与基础分部工程的验收。设计单位项目负责人和施工单位技术质量部门负责人应参加主体结构与节能分部工程的验收。

(2)工程质量存在的缺陷时,项目监理机构应下达监理通知书要求施工单位限期整改。由总监理工程师组织复查。验收不合格的,施工单位整改完成后,重新组织验收。

(3)在验收重要的分部(子分部)工程、单位(子单位)工程前,项目监理机构均应编制工程质量评估报告,工程质量评估报告应经监理单位技术负责人审批同意。

(4)地基与基础、主体和节能分部还应符合地方相关验收规定的要求。

4.3.6 工程竣工预验收报审表

工程竣工预验收报审表,是当单位(子单位)工程经承包单位自检符合竣工条件后,承包单位向建设单位和项目监理机构提出的对该工程项目进行初验的申请。

总监理工程师组织项目监理人员根据有关规定与施工单位共同对工程进行检查验收,合格后总监理工程师签署工程竣工预验收报审表并及时报告建设单位和编写工程质量评估报告。

4.23 工程竣工预验收报审表

1. 填写说明

（1）"单位工程"：施工合同签订的达到竣工要求的工程。

（2）"报审附件"：用于证明工程按合同约定完成并符合竣工验收要求的全部竣工资料。

（3）"审查意见"：由总监理工程师组织专业监理工程师按现行的单位（子单位）工程竣工验收的有关规定逐项进行核查，并对工程质量进行预验收，根据核查和预验收结果填写。

2. 资料要求

（1）本表由承包单位填报，项目监理机构的总监理工程师审查并签发。

（2）承包单位提交的工程竣工预验收报验的附件内容，保证工程技术资料必须齐全、真实，承包单位加盖公章，项目负责人必须签字。

（3）检验批及分项、分部工程数量必须齐全，企业技术负责人对单位工程已组织有关人员进行了验收，并达到合格以上标准。据此，承包单位根据初验结果向建设、监理单位提请预验收。

（4）总监理工程师组织专业监理工程师进行工程竣工预验收，签字并加盖执业章。

3. 竣工预验收的程序

（1）单位工程达到竣工验收条件后，承包单位应在自审、自查、自评工作完成后，编制竣工报告，施工单位的法定代表人和技术负责人签章后填写工程竣工预验收报审表，并将全部竣工资料报送项目监理机构，申请竣工预验收。

（2）总监理工程师应组织各专业监理工程师对本专业工程的质量情况进行全面检查、检测，对发现影响竣工验收的问题，应签发监理通知单，要求承包单位整改和完善。

（3）对需要进行工程安全和功能检验的工程项目，监理工程师应督促承包单位及时进行试验，并对重要项目进行现场监督、检查，必要时请建设单位和设计单位参加；监理工程师应认真审查试验报告单。

（4）监理工程师应组织各专业监理工程师对竣工资料及各专业工程的质量情况进行全面检查，对检查出的问题，应督促承包单位及时整改。

（5）监理工程师应督促承包单位搞好成品保护和现场清理。

（6）项目监理机构对竣工资料及实物全面检查、验收合格后，由总监理工程师签署工程竣工预验收报审表，并向建设单位提出工程质量评估报告，请建设单位组织工程竣工验收。

4.3.7 工程质量问题（事故）报告单

1. 填写说明

（1）表头填写工程质量问题（事故）发生的时间、发生的工程部位和工程质量问题（事故）的特征。

4.24 工程质量问题（事故）报告单

（2）"经过、后果、原因分析……"：填写工程质量问题（事故）发生的经过、后果及原因分析等。后果中包括损坏、伤亡以及倒塌情况；事故原因包括施工原因、设计原因以及不可抗力等。

（3）"性质"：技术问题（事故）还是责任问题（事故），一般事故还是重大事故。

（4）"造成损失"：由于质量问题（事故）导致的材料、设备、建筑和人员伤亡等损失费用情况。

（5）"应急措施"：质量问题（事故）发生后紧急采取的措施及质量问题（事故）控制情况。

（6）"初步处理意见"：承包单位根据上述调查情况，对工程质量问题（事故）说明现场处理情况，提出技术和施工方面的处理措施及责任者等初步处理意见。

2. 资料要求

（1）本表由承包单位（承包项目部）填报，项目负责人签字。

（2）事故内容及初步处理意见应填写具体、清楚。

（3）注明日期（质量事故日期、处理日期）。

（4）有项目负责人签字和承包单位（承包项目部）盖章。

4.3.8 工程质量整改通知

工程质量整改通知，是指分项工程未达到质量检验评定要求，已经检查发现时，在下达监理通知单两次后，承包单位未按时限要求改正或不按专业监理工程师下达的监理通知单要求改正时，由项目监理机构下达的文件。

承包单位应按工程质量整改通知的要求整改，并用监理通知回复单报项目监理机构复核。

1. 填写说明

（1）"致：_____（承包项目部）"：接受工程质量整改的施工单位，一般为施工合同中的施工单位或其分包单位，按全称填写。

（2）"不符合_____规定"：填写判定材料、工艺、工程质量未达到要求所依据的标准、规程、规范条目。

（3）"要求"：填写项目监理机构对承包单位处理未达到工程质量验收规范项目的要求，例如返工、返修、检验试验、鉴定等。

（4）"附：试验（检验）证明"：工程质量整改通知中需要整改的工程部位未达到工程质量验收规范项目的工程质量验收记录、试（检）验报告，以及说明工程质量不符合设计和施工质量验收规范的其他一些文件、资料。

（5）"项目监理机构（章）"：与建设单位签订监理合同的法人单位指派到施工现场的项目监理机构，签章有效。

（6）"总监理工程师"：与建设单位签订监理合同的法人单位指派到施工现场项目监理机构的总监理工程师，签字有效。

（7）"专业监理工程师"：与建设单位签订监理合同的法人单位指派到施工现场项目监理机构的专业监理工程师，签字有效。

2. 资料要求

（1）本表由监理单位填写，总监理工程师或专业监理工程师签字后下发。一般的工程质量整改通知由专业监理工程师签发；比较严重的，或者涉及范围较大的应由专业监理工程师报告总监理工程师签发。

（2）工程质量整改通知必须及时发出，整改内容齐全，问题提出准确，技术用语规范，文字简练明了。监理方发出工程质量整改通知的同时，要注意协调建设单位与承包商之间的关系。

（3）工程质量整改通知必须由项目监理机构加盖公章，经专业监理工程师签字，总监理工程师审核同意签字后发出，不得代签和加盖手章，不签字的无效。

（4）该表不适用于分部工程。分部工程是不能返修加固的，因为一个分部工程不仅涉及一个分项，而是涉及若干个分项，分部工程若允许返修，质量将难以控制。

（5）对于连续三次检查仍不符合要求的，监理工程师可以采取请求停工（注意征得建设单位同意）、撤换施工人员的措施。

4.3.9 工程质量事故处理方案报审表

工程质量事故处理方案报审表，是承包单位经过对工程质量事故详细调查、研究的基础上，提出处理方案后报项目监理机构的审查、确认和批复。

4.26 工程质量事故处理方案报审表

1. 填写说明

（1）"报审附件"：包括工程质量事故调查报告和工程质量事故处理方案。

（2）"工程质量事故调查报告"：承包单位在对工程质量事故详细调查、研究的基础上提出的详细报告，应包括下列内容：

1）质量事故情况。质量事故发生的时间、地点、事故经过、有关现场的记录、发展变化趋势、是否已稳定等。

2）事故性质。即事故是技术问题（事故）还是责任问题（事故），一般事故还是重大事故。

3）事故原因。详细阐明造成质量事故的主要原因，并应附有说服力的资料、说明。

4）事故评估。应阐明质量事故对建筑物的使用功能、安全性能等的影响，并应附有实测和试验数据。

5）质量事故涉及的人员与主要责任者的情况等。

（3）"工程质量事故处理方案"：应针对质量事故的状况及原因，本着安全可靠、不留隐患、满足建筑物的使用功能要求，技术可行、经济合理的原则编制。因设计造成的质量事故，应由设计单位提出技术处理方案。一般来说有以下四类性质的处理方案：①修补处理；②返工处理；③限制使用；④不做处理。

（4）"设计单位意见"：建筑工程的设计单位对质量事故调查报告和处理方案的审查意见。若与承包单位提出的质量事故调查报告和处理方案有不同意见，应一一注明，工程质量事故技术处理方案应征得设计单位同意。

（5）"设计单位"：承担该项工程设计的单位，按设计图纸中"设计单位"的名称填写。

（6）"设计人"：承担该项工程设计的负责人。

（7）"总监理工程师（建设单位项目负责人）批复意见"：总监理工程师应组织建设、勘察、设计、施工、监理等有关人员对质量事故调查报告和处理方案进行论证，以确认报告和方案的正确合理性。如无意见，签署"同意承包单位按此方案处理"的批复意见；如有不同意见，应责令承包单位重报。

必要时应邀请有关专家参加对事故调查报告和处理方案进行论证，由总监理工程师签认或会同建设单位项目负责人共同签认。

2. 资料要求

（1）本表由承包单位（承包项目部）填报，由设计单位提出意见，总监理工程师审查同意后签署批复意见。承包单位、设计单位、项目监理机构均必须盖章，不盖章无效。

（2）项目监理机构应对处理方案的实施进行检查监督，对处理结果进行验收。

4.3.10 见证取样记录表

单位工程施工前，项目监理机构应根据施工单位报送的施工试验计划编制有见证取样和送检计划。

见证人员应进行有见证取样和送检项目的管理，按照见证取样和送检计划，对施工现场的取样和送检进行见证，按规定填写见证取样记录表。

4.27 见证取样记录表

见证人员应对试样的代表性和真实性负责。

填表说明：

（1）"表头部分"：填写试样的名称，取样的部位、地点、数量和日期。

（2）"见证记录"：记录取样的方法、过程及样品的表观质量。

（3）由取样人和见证人本人签字和加盖送检印章。

4.3.11 混凝土浇筑检验报审表

现场施工进入混凝土浇筑工序前，承包项目部应向现场项目监理机构提出申请，使用混凝土浇筑检验报审表向现场项目监理机构报验。

4.28 混凝土浇筑检验报审表

1. 填写说明

（1）"浇筑_____部位结构混凝土"填写具体浇筑混凝土的结构部位。

（2）"承包项目部自查"：符合要求时采用"√"注明。

2. 资料要求

（1）工程部位进入混凝土浇筑前，经承包项目部自查，浇筑前各道有关工序和各项准备工作均已达标，申请表由项目负责人签字，承包项目部盖章，向项目监理机构提出混凝土浇筑施工申请。该工作应提前 4h 填写申请表，承包项目部和项目监理机构对以下各项内容进行自查和审查：

1）钢筋绑扎、模板支护及水电预留自检是否合格。

2）现场搅拌时，搅拌站负责人是否到位，配比是否落实，计量设备是否合格，材质是否经过复验。

3）采用预拌混凝土时，应落实预拌混凝土厂家考察情况，各项技术指标是否符合设计和质量要求。

4）承包项目部经自查符合混凝土浇筑条件，应向项目监理机构申请实施旁站监理。

（2）承包项目部上报现场项目监理机构，项目总监理工程师组织专业监理工程师对各专业问题进行审核，安排浇筑混凝土时的旁站监理人员。

（3）批复后承包项目部按审定意见落实，本表监理留存一份，退承包项目部一份。

4.3.12　监理抽检记录

4.29 监理抽检记录

当监理工程师对施工质量或材料、设备、工艺等有怀疑时，可以随时进行抽检，并填写监理抽检记录。

监理在抽检过程中如发现工程质量有不合格项，应填写工程质量整改通知，通知承包单位进行整改并进行复检，直到合格为止。

4.3.13　施工试验见证取样汇总表

4.30 施工试验见证取样汇总表

本表为监理单位的见证人员在有见证试验完成，各试验项目的试验报告齐全后，分类收集、汇总整理时填写的资料。

有见证取样和送检的各项目，凡未按规定送检或送检次数达不到要求的，其工程质量应由有相应资质等级的检测单位进行检测确定。

4.4　造价控制资料

4.4.1　工程款支付报审表

4.31 工程款支付报审表

工程款支付报审表，是承包单位根据施工合同中有关工程款支付约定的条款，向项目监理机构申请支付工程预付款、工程进度款、工程结算款的申请。

申请支付工程款金额应包括合同内工程款、工程变更增减费用、批准的索赔费用，扣除应扣预付款、保留金及施工合同中约定的其他费用。

1. 填写说明

（1）"工程量清单"：本次付款申请中经过专业监理工程师确认已完成的合格工程的工程量清单及经专业监理工程师签认的工程计量报审表（包括项目监理机构确认的工程变更）。

（2）总监理工程师组织专业监理工程师对承包项目部提出的工程款支付报审进行审查与复核，签字并加盖执业章。

2. 资料要求

（1）工程款支付申请由承包单位填报。

（2）承包单位提请工程款支付申请时，提供的附件（工程量清单、工程结算款材料）

必须齐全真实，对任何形式的不符合工程款支付申请的内容，承包单位不得提出申请。

（3）承包单位应认真填写，不得缺漏。工程款支付申请承包项目部必须盖章，项目负责人签字。

（4）承包单位统计报送的工程量中，只有经专业监理工程师质量验收合格的工程，才能按施工合同的约定填报工程量清单和工程款支付申请表。

（5）承包单位报送的工程量清单和工程款支付申请表，专业监理工程师必须按施工合同的约定进行现场计量复核，并报总监理工程师审定。

（6）总监理工程师指定专业监理工程师对工程款支付申请中包括合同内工作量、工程变更增减费用、经批准的费用索赔，应扣除的预付款、保留金及施工合同约定的其他支付费用等项目应逐项审核，并填写审查记录，提出审查意见报总监理工程师审核签认。

4.4.2 工程款支付证书

工程款支付证书，是项目监理机构在收到承包单位的工程款支付报审表后，根据承包合同和有关规定审查复核后签署的，用于建设单位应向承包单位支付工程款的证明文件。它是项目监理机构向建设单位转呈的支付证明书。

4.32 工程款支付证书

1. 填写说明

（1）"承包项目部申报款"：承包单位向监理机构申报工程款支付报审表中申报的工程款额。

（2）"经审核承包单位应得款"：经专业监理工程师对承包单位向监理机构填报的工程款支付报审表审核后核定的工程款额，包括合同内工程款、工程变更增减费用、经批准的索赔费用等。

（3）"本期应扣款"：根据承包合同的约定本期应扣除的预付款、保留金及其他应扣除的工程款的总和。

（4）"本期应付款"：经审核承包单位应得款扣除本期应扣款的余额。

（5）"附件"：本表应附承包项目部向监理机构申报的工程款支付报审表。

2. 资料要求

（1）专业监理工程师对承包单位报送的工程款支付报审表进行审核时，应会同承包单位对现场实际完成情况进行计量，对验收手续齐全、资料符合验收要求并符合施工合同规定的计量范围内的工程量予以核定。

（2）专业监理工程师确认无误后签字并加盖执业印章。

4.4.3 工程竣工结算审核意见书

工程竣工结算审核意见书，是指总监理工程师签发的工程竣工结算文件或提出的工程竣工结算合同争议的处理意见。

工程竣工结算审查应在工程竣工报告确认后依据施工合同及有关规定进行。

竣工结算审查程序应符合《建设工程监理规范》GB/T 50319—2013 第 5.3.4 条的规定。当工程竣工结算的价款总额与建设单位和承包单位无法协商一致时，应按施工合同约定处理。

工程竣工结算审核意见书的基本内容包括：

（1）合同工程价款、工程变更价款、费用索赔合计金额、依据合同规定承包单位应得的其他款项。

（2）工程竣工结算的价款总额。

（3）建设单位已支付工程款、建设单位向承包单位的索赔合计金额、质量保修金额、依据合同规定应扣承包单位的其他款项。

（4）建设单位应支付金额。

4.5 分包资质资料

4.5.1 工程分包单位资格报审表

4.33 工程分包单位资格报审表

工程分包单位资格报审表，是总承包单位实施分包时，提请项目监理机构对其分包单位资质审查确认的批复。施工合同中已明确的分包单位，承包单位可不再对分包单位资格进行报审。

1. 填写说明

（1）"……_____（分包单位）……"：填写拟选用分包单位全称。

（2）"企业业绩证明材料"：分包单位近三年完成的与分包工程工作内容类似工程及工程质量的情况。

（3）"……承担_____分包业务"：拟分包给所报分包单位的工程项目名称（部位）。

2. 资料要求

（1）本表由承包单位填报，加盖公章，项目负责人签字，经专业监理工程师审核符合要求后签字，由总监理工程师最终审核并加盖项目监理机构章，经总监理工程师签字后作为有效资料。

（2）分包单位的资格报审表和报审所附的分包单位有关资料的审查必须在分包工程开工前完成。

（3）对分包单位资格重点审核的内容：

1）分包单位的营业执照、企业资质等级证书、特殊行业施工许可证、国外（境外）企业在国内承包工程许可证等。

2）分包单位的业绩（指分包单位近三年所承建的分包工程名称、质量等级证书或经建设单位组织验收后形成的各方签章的单位工程质量验收记录。

3）拟分包工程的内容和范围。

4）专职管理人员和特种作业人员的资格证、上岗证。

4.6 合同管理资料

4.6.1 工程变更报审表

工程变更报审表,是在施工过程中,建设单位、承包单位提出工程变更要求,报项目监理机构审核确认的用表。

4.34
工程变更
报审表

1. 填写说明

(1)"基于_____原因":指引发工程变更的原因。

(2)"兹提出_____工程变更":填写要求工程变更的部位和变更项目。

(3)"报审附件":包括工程变更的详细内容、变更的依据,工程变更对工程造价及工期的影响程度,对工程项目功能、安全的影响分析,必要的附图等。

(4)"变更提出单位":提出工程变更的单位。

2. 资料要求

(1)本表由提出单位填写,经建设、设计、监理、施工等单位协商同意并签字后工程变更为有效。

(2)工程变更、设计变更必须是建设单位同意,由设计单位出具设计变更通知;洽商变更必须经建设、监理、施工三方签章,否则为不符合要求。

(3)工程变更要及时办理,必须是先变更后施工。紧急情况下,必须在标准规定时限内办理完工程变更手续,否则为不符合要求。

(4)总监理工程师组织专业监理工程师审查施工单位提出的工程变更申请,提出审查意见。对涉及工程设计文件修改的工程变更,应由建设单位转交原设计单位修改工程设计文件。必要时,项目监理机构应建议建设单位组织设计、施工等单位召开论证工程设计文件修改方案的专题会议。

(5)总监理工程师组织专业监理工程师对工程变更费用及工期影响作出评估。

(6)总监理工程师组织建设单位、施工单位等共同协商确定工程变更费用及工期变化,会签工程变更单。

(7)项目监理机构根据批准的工程变更文件监督施工单位实施工程变更。

4.6.2 工程临时/最终延期报审表

工程临时/最终延期报审表,是指发生了非承包单位原因,施工合同约定由建设单位承担的延期责任事件后,承包单位提出的工期索赔,报项目监理机构审核确认。

当影响工期事件具有持续性时,项目监理机构应对施工单位提交的阶段性工程临时延期报审表进行审查,并应签署工程临时延期审核意见后报建设

4.35
工程临时/
最终延期
报审表

单位。

当影响工期事件结束后,项目监理机构应对施工单位提交的工程最终延期报审表进行审查,并应签署工程最终延期审核意见后报建设单位。

1. 填写说明

(1) "根据施工合同_____(条款)的规定":填写提出工期索赔所依据的施工合同条目。

(2) "由于_____原因":填写导致工期拖延的事件。

(3) "工期延期的依据及工期计算":索赔所依据的施工合同条款、导致工程延期事件的事实、工程拖延的计算方式及过程。

(4) "证明材料":导致工程延期的原因、计算依据等有关证明文件。

2. 资料要求

(1) 本表由承包单位填报,加盖公章,项目经理签字,经专业监理工程师初审符合要求后签字,由总监理工程师最终审核加盖项目监理机构章,经总监理工程师签字后执行。

(2) 承包单位提请本表时,提供的附件包括工程延期的依据及工期计算、合同竣工日期、申请延长竣工日期、索赔金额的计算。证明材料应齐全真实,对任何不符合附件要求的资料,承包单位不得提请报审,监理单位不得签发报审表。

(3) 临时延期批准时间不能长于工程最终延期批准的时间。

(4) 总监理工程师在签认工程延期前应与建设单位、承包单位协商,宜与费用索赔一并考虑。

3. 工程临时/最终延期报审程序

(1) 承包单位在施工合同规定的期限内向项目监理机构提交对建设单位的延期(工期索赔)意向通知书。

(2) 总监理工程师指定专业监理工程师收集与延期有关的资料。

(3) 承包单位在承包合同规定的期限内向项目监理机构提交工程临时/最终延期报审表。

(4) 总监理工程师指定专业监理工程师初步审查工程临时/最终延期报审表是否符合有关规定。

(5) 总监理工程师应在施工合同规定的期限内签署工程临时/最终延期报审表,或在施工合同规定期限内发出要求承包单位提交有关延期的进一步详细资料后,按上述程序进行。

(6) 总监理工程师在做出延期批准时,不应认为其具有临时性而放松控制。

(7) 确认延期的基本条件:

1) 工程变更指令导致的工程量增加。

2) 合同中涉及的任何可能造成工程延期的原因。

3) 异常恶劣的气候条件。

4) 由建设单位造成的任何延误、干扰或障碍等。

5) 承包单位自身外的其他原因。

4.6.3 索赔意向通知书

索赔意向通知书，是承包项目部应在已经察觉或理应察觉索赔事由发生后一定期限内，向建设单位或项目监理机构递交索赔意向通知书，表明就该索赔事由期望得到建设单位给予补偿的要求。

4.36
索赔意向
通知书

1. 填写说明

（1）"根据施工合同_____（条款）的规定"：填写提出索赔所依据的施工合同条款。

（2）"由于发生了_____事件"：填写具体导致索赔的事件。

（3）"故我方向_____（单位）提出索赔要求"：填写被索赔单位全称。

4.6.4 费用索赔报审表

费用索赔报审表，是承包单位向建设单位提出费用索赔的事项，报项目监理机构审查、确认和批复的资料。总监理工程师应在施工合同约定的期限内签发《费用索赔报审表》，或发出要求承包单位提交有关费用索赔的进一步详细资料的通知。

4.37
费用索赔
报审表

1. 填表说明

（1）"根据施工合同_____（条款）的规定"：填写提出索赔所依据的施工合同条款。

（2）"由于发生了_____原因"：填写具体导致索赔的事件。

（3）"费用索赔报告"：包括索赔事件造成承包单位直接经济损失，索赔事件是由于非承包单位的责任发生的详细理由及事件经过，赔金额计算书等相关证明材料。

2. 资料要求

（1）承包单位提请报审费用索赔提供的附件材料必须齐全真实，对任何形式的不符合费用索赔的内容，承包单位不得提出申请。

（2）项目监理机构必须认真审查承包单位报送的附件资料，填写复查意见，索赔金额的计算应附计算依据。

（3）承包单位必须加盖公章，项目负责人签字；项目监理机构必须加盖公章，总监理工程师签字并加盖执业印章。

（4）本表由承包单位填报。项目监理机构的总监理工程师签发。

3. 监理机构对费用索赔的审查和处理程序

（1）总监理工程师指定专业监理工程师收集与索赔有关的资料。

（2）承包单位需在承包合同规定的期限内向项目监理机构提交对建设单位的费用索赔报审表。

（3）总监理工程师初步审查费用索赔申请，符合《建设工程监理规范》GB/T 50319—2013 第 6.4.5 款所规定的条件时予以受理。

（4）总监理工程师进行费用索赔审查，并在初步确定一个额度后，与承包单位和建设单位进行协商。

4.6.5 合同争议、违约报告及处理意见

工程实施过程中出现合同争议时，项目监理机构应调解合同争议并达成（或提出）处理意见。

合同争议的调解应符合《建设工程监理规范》GB/T 50319—2013 第 6.6 节的规定。

合同争议处理意见由总监理工程师签字盖章，并在施工合同约定的时间内送达建设单位和承包单位。

4.6.6 合同变更资料

4.38
《建设工程监理规范》
（GB/T 50319—2013）

合同变更资料包括施工过程中建设单位与承包单位的合同补充协议和合同解除有关资料。

承包合同解除必须符合法律程序，合同解除时项目监理机构依据《建设工程监理规范》GB/T 50319—2013 第 6.7 节的规定处理善后工作，并详实记录处理的过程和有关事项等。

工作任务

依据现行工程资料管理标准及《建设工程监理规范》GB/T 50319—2013 规定，结合以上工程背景提供的信息，模拟监理资料管理内容，完成教材活页部分各类监理资料的填写。

思考与练习

一、单项选择题

1. 检验批和分项工程应由（　　）组织施工单位项目专业质量（技术）负责人等进行验收。
   A. 总监理工程师　　　　　　　　B. 总监理工程师代表
   C. 专业监理工程师　　　　　　　D. 监理工程师

2. 监理通知回复单资料来源为（　　）单位。
   A. 施工　　　　B. 检测　　　　C. 监理　　　　D. 建设

3. 当工程具备了开工条件时，（　　）应向（　　）提交开工报审表。
   A. 建设单位　监理单位　　　　　B. 施工单位　监理单位
   C. 施工单位　建设单位　　　　　D. 监理单位　建设单位

4. 监理工程师发出工程暂停令以后，延误的工期由（　　）承担。
   A. 建设单位　　　　　　　　　　B. 施工单位
   C. 造成工程暂停的责任单位　　　D. 建设单位和施工单位共同

5. 工程款支付证书是由监理工程师签发给（　　）的。
A. 建设单位　　　B. 施工单位　　　C. 监理机构　　　D. 造价咨询单位

二、判断题

1. 施工组织设计必须经总监理工程师审核批准才能实施。（　　）
2. 工程分包单位资格报审表报审的是建设单位。（　　）
3. 工程物资进场检验报审表适用于工程材料、构配件、设备等进场报验，需提交给监理单位。（　　）
4. 监理通知单可以由总监理工程师发出，也可以由专业监理工程师发出。（　　）
5. 监理资料属于C类资料。（　　）

三、简答题

1. 施工阶段监理月报的基本内容包括哪些？

2. 旁站监理的范围有哪些？

3. 需要总监理工程师签字的资料有哪些？需要总监理工程师签章的资料有哪些？

教学单元 5

建设工程资料归档与移交

Chapter 05

教学目标

1. 知识目标：
（1）了解建设工程资料归档组卷移交基本规定、归档文件及质量要求；
（2）理解归档立卷理论知识、案卷的编目；
（3）掌握建设工程资料立卷的流程和方法、工程档案验收与移交。

2. 能力目标：
（1）具备建设工程资料立卷的能力；
（2）具备建设工程资料归档及移交能力；
（3）具备文件的排序、编目、装订的能力。

3. 素质目标：
（1）培养学生的专业能力和职业精神；
（2）培养学生的团队合作以及沟通能力；
（3）培养学生责任与使命感，培养学生的民族自豪感，树立积极进取、不畏困难的正向价值观。

思维导图

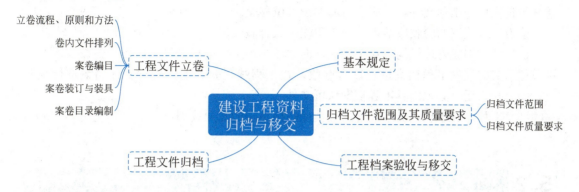

5.1 基本规定

（1）工程文件的形成和积累应纳入工程建设管理的各个环节和有关人员的职责范围。

（2）工程文件应随工程建设进度同步形成，不得事后补编。

（3）每项建设工程应编制一套电子档案，随纸质档案一并移交城建档案管理机构。电子档案签署了具有法律效力的电子印章或电子签名的，可不移交相应纸质档案。

（4）建设单位应按下列流程开展工程文件的整理、归档、验收、移交等工作：

1）在工程招标及与勘察、设计、施工、监理等单位签订协议、合同时，应明确竣工图的编制单位、工程档案的编制套数、编制费用及承担单位、工程档案的质量要求和移交时间等内容。

2）收集和整理工程准备阶段形成的文件，并进行立卷归档。

3）组织、监督和检查勘察、设计、施工、监理等单位的工程文件的形成、积累和立卷归档工作。

4）收集和汇总勘察、设计、施工、监理等单位立卷归档的工程档案。

5）收集和整理竣工验收文件，并进行立卷归档。

6）在组织工程竣工验收前，应按要求将全部文件材料收集齐全并完成工程档案的立卷；在组织竣工验收时，应组织对工程档案进行验收，验收结论应在工程竣工验收报告、专家组竣工验收意见中明确。

7）对列入城建档案管理机构接收范围的工程，工程竣工验收备案前，应向当地城建档案管理机构移交一套符合规定的工程档案。

（5）勘察、设计、施工、监理等单位应将本单位形成的工程文件立卷后向建设单位移交。

（6）建设工程项目实行总承包管理的，总包单位应负责收集、汇总各分包单位形成的工程档案，并应及时向建设单位移交；各分包单位应将本单位形成的工程文件整理、立卷后及时移交总包单位。建设工程项目由几个单位承包的，各承包单位应负责收集、整理立卷其承包项目的工程文件，并应及时向建设单位移交。

建设工程档案的验收应纳入建设工程竣工联合验收环节。

（7）城建档案管理机构应对工程文件的立卷归档工作进行指导和服务，并按要求对建设单位移交的建设工程档案进行联合验收。在工程竣工验收前，应对工程档案进行预验收，验收合格后，必须出具工程档案认可文件。

（8）工程资料管理人员应经过工程文件归档整理的专业培训。

5.2 归档文件范围及其质量要求

5.2.1 归档文件范围

（1）对与工程建设有关的重要活动、记载工程建设主要过程和现状、具有保存价值的各种载体的文件，均应收集齐全、整理立卷后归档。

（2）工程文件的具体归档范围应符合规范要求。

（3）声像资料的归档范围和质量要求应符合现行行业标准《城建档案业务管理规范》CJJ/T 158—2011 的要求。

（4）不属于归档范围、没有保存价值的工程文件，文件形成单位可自行组织销毁。

5.2.2 归档文件质量要求

（1）归档的纸质工程文件应为原件。

（2）工程文件的内容及其深度应符合国家现行有关工程勘察、设计、施工、监理等标准的规定。

（3）工程文件的内容必须真实、准确，应与工程实际相符合。

（4）计算机输出文字、手工书写材料，其字迹的耐久性和耐用性应符合现行国家标准《信息与文献　纸张上书写、打印和复印字迹的耐久性和耐用性　要求与测试方法》GB/T 32004—2015 的规定。

（5）工程文件应字迹清楚，图样清晰，图表整洁，签字盖章手续应完备。

（6）工程文件中文字材料幅面尺寸规格宜为 A4 幅面（297mm×210mm）。图纸宜采用国家标准图幅。

（7）工程文件的纸张其耐久性和耐用性应符合现行国家标准《信息与文献　档案纸耐久性和耐用性要求》GB/T 24422—2009 的规定。

（8）所有竣工图均应加盖竣工图章（图 5-1），并应符合下列规定：

1) 竣工图章的基本内容应包括："竣工图"字样、施工单位、编制人、审核人、技术

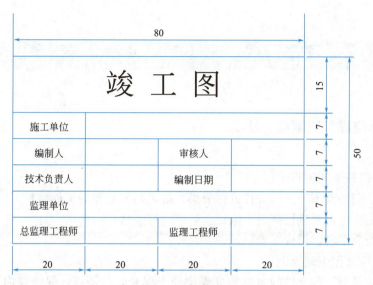

图 5-1 竣工图章示例

负责人、编制日期、监理单位、总监理工程师、监理工程师。

2）竣工图章尺寸应为：50mm×80mm。

3）竣工图章应使用不易褪色的印泥，应盖在图标栏上方空白处。

（9）竣工图的绘制与改绘应符合国家现行有关制图标准的规定。

（10）归档的建设工程电子文件格式应采用或转换为表 5-1 所列文件格式。

（11）归档的建设工程电子文件应包含元数据，保证文件的完整性和有效性。元数据应符合现行行业标准《建设电子档案元数据标准》CJJ/T 187—2012 的规定。

（12）归档的建设工程电子文件应采用电子签名等手段，所载内容应真实和可靠。

（13）归档的建设工程电子文件的内容必须与其纸质档案一致。

（14）建设工程电子文件离线归档的存储媒体，可采用移动硬盘、闪存盘、光盘、磁带等。

（15）存储移交电子档案的媒体应经过检测，应无病毒、无数据读写故障，并应确保接收方能通过适当设备读出数据。

工程电子文件归档格式表　　　　　　　　　　　　　　　表 5-1

文件类别	格式
文本（表格）文件	OFD、DOC、DOCX、XLS、XLSX、PDF/A、XML、TXT、RTF
图像文件	JPEG、TIFF
图形文件	DWG、PDF/A、SVG
视频文件	AVS、AVI、MPEG2、MPEG4
音频文件	AVS、WAV、AIF、MID、MP3
数据库文件	SQL、DDL、DBF、MDB、ORA
虚拟现实/3D图形文件	WRL、3DS、VRML、X3D、IFC、RVT、DGN
地理信息数据文件	DXF、SHP、SDB

5.3 工程文件立卷

5.3.1 立卷流程、原则和方法

（1）立卷应按下列流程进行：
1）对属于归档范围的工程文件进行分类，确定归入案卷的文件材料。
2）对卷内文件材料进行排列、编目、装订（或装盒）。
3）排列所有案卷，形成案卷目录。

（2）立卷应遵循下列原则：
1）立卷应遵循工程文件的自然形成规律和工程专业的特点，保持卷内文件的有机联系，便于档案的保管和利用。
2）工程文件应按不同的形成、整理单位及建设程序，按工程准备阶段文件、监理文件、施工文件、竣工图、竣工验收文件分别进行立卷，并可根据数量多少组成一卷或多卷。
3）一项建设工程由多个单位工程组成时，工程文件应按单位工程立卷。
4）不同载体的文件应分别立卷。

（3）立卷应采用下列方法：
1）工程准备阶段文件应按建设程序、形成单位等进行立卷。
2）监理文件应按单位工程、分部工程或专业、阶段等进行立卷。
3）施工文件应按单位工程、分部（分项）工程进行立卷。
4）竣工图应按单位工程分专业进行立卷。
5）竣工验收文件应按单位工程分专业进行立卷。
6）电子文件立卷时，每个工程（项目）应建立多级文件夹，应与纸质文件在案卷设置上一致，并应建立相应的标识关系。
7）声像资料应按建设工程各阶段立卷，重大事件及重要活动的声像资料应按专题立卷，声像档案与纸质档案应建立相应的标识关系。

（4）施工文件的立卷应符合下列要求：
1）专业承（分）包施工的分部、子分部（分项）工程应分别单独立卷。
2）室外工程应按室外建筑环境和室外安装工程单独立卷。
3）当施工文件中部分内容不能按一个单位工程分类立卷时，可按建设工程立卷。

（5）不同幅面的工程图纸，应统一折叠成 A4 幅面（297mm×210mm）。应图面朝内，首先沿标题栏的短边方向以 W 形折叠，然后再沿标题栏的长边方向以 W 形折叠，并使标题栏露在外面。

（6）案卷不宜过厚，文字材料卷厚度不宜超过 20mm，图纸卷厚度不宜超过 50mm。

（7）案卷内不应有重复文件。印刷成册的工程文件宜保持原状。

(8) 建设工程电子文件的组织和排序可按纸质文件进行。

5.3.2 卷内文件排列

(1) 卷内文件应按《建设工程文件归档规范（2019 年版）》GB/T 50328—2014 附录 A 和附录 B 的类别和顺序排列。

(2) 文字材料应按事项、专业顺序排列。同一事项的请示与批复、同一文件的印本与定稿、主体与附件不应分开，并应按批复在前、请示在后，印本在前、定稿在后，主体在前、附件在后的顺序排列。

(3) 图纸应按专业排列，同专业图纸应按图号顺序排列。

(4) 当案卷内既有文字材料又有图纸时，文字材料应排在前面，图纸应排在后面。

5.3.3 案卷编目

(1) 编制卷内文件页号应符合下列规定：

1) 卷内文件均应按有书写内容的页面编号。每卷单独编号，页号从"1"开始。

2) 页号编写位置：单面书写的文件在右下角；双面书写的文件，正面在右下角，背面在左下角。折叠后的图纸一律在右下角。

3) 成套图纸或印刷成册的文件材料，自成一卷的，原目录可代替卷内目录，不必重新编写页码。

4) 案卷封面、卷内目录、卷内备考表不编写页号。

(2) 卷内目录的编制应符合下列规定：

1) 卷内目录排列在卷内文件首页之前，式样宜符合《建设工程文件归档规范（2019 年版）》GB/T 50328—2014 附录 C 的要求，如图 5-2 所示。

2) 序号应以一份文件为单位编写，用阿拉伯数字从 1 依次标注。

3) 责任者应填写文件的直接形成单位或个人。有多个责任者时，应选择两个主要责任者，其余用"等"代替。

4) 文件编号应填写文件形成单位的发文号或图纸的图号，或设备、项目代号。

5) 文件题名应填写文件标题的全称。当文件无标题时，应根据内容拟写标题，拟写标题外应加"［ ］"符号。

6) 日期应填写文件的形成日期或文件的起止日期，竣工图应填写编制日期。日期中"年"应用四位数字表示，"月"和"日"应分别用两位数字表示。

7) 页次应填写文件在卷内所排的起始页号，最后一份文件应填写起止页号。

8) 备注应填写需要说明的问题。

(3) 卷内备考表的编制应符合下列规定：

1) 卷内备考表应排列在卷内文件的尾页之后，式样宜符合《建设工程文件归档规范（2019 年版）》GB/T 50328—2014 附录 D 的要求，如图 5-3 所示。

2) 卷内备考表应标明卷内文件的总页数、各类文件页数或照片张数及立卷单位对案卷情况的说明。

图 5-2　卷内目录式样

注：1. 尺寸单位统一为：mm；
　　2. 比例 1∶2。

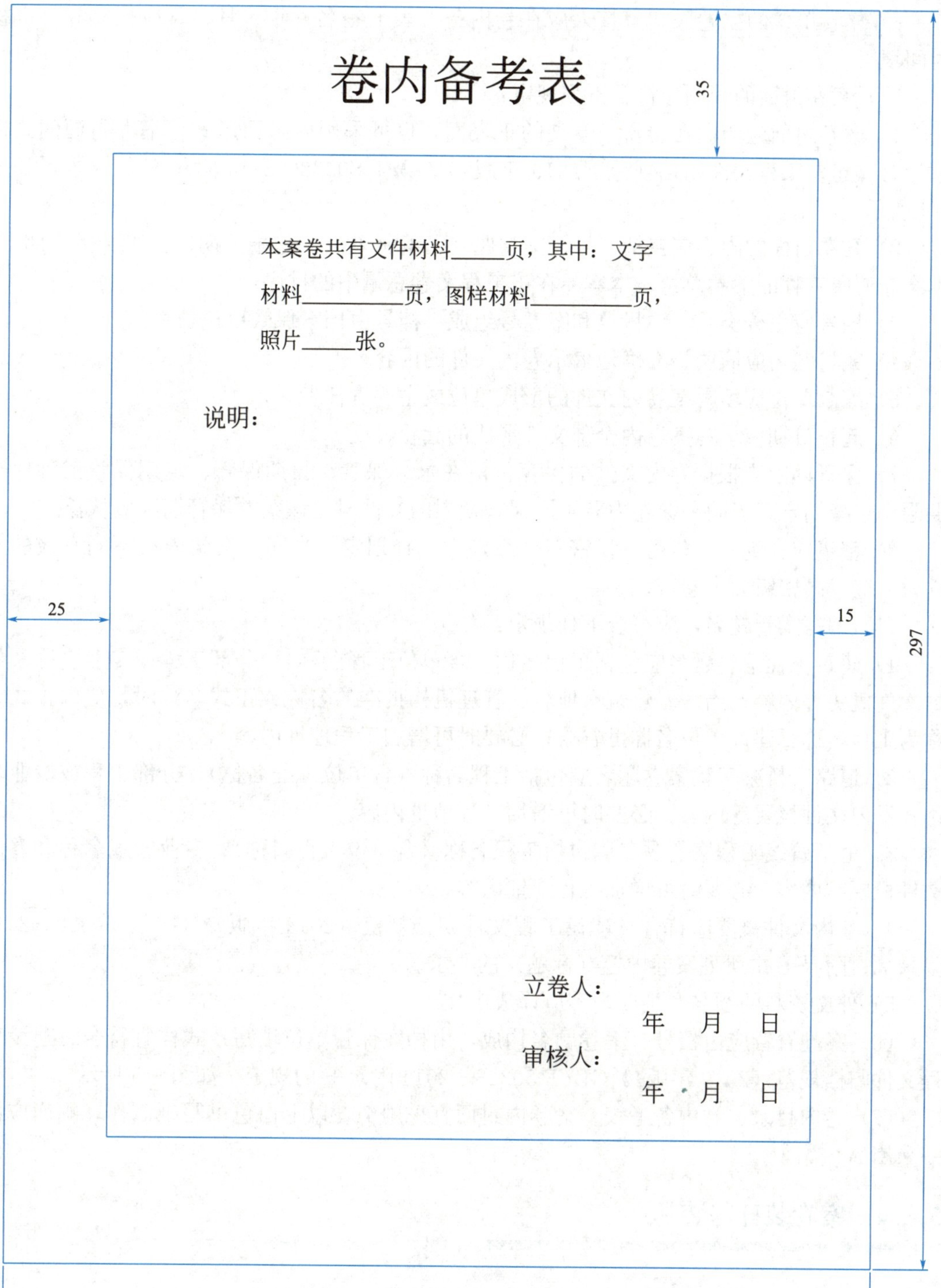

卷内备考表

本案卷共有文件材料_____页，其中：文字材料_____页，图样材料_____页，照片_____张。

说明：

立卷人：
年　月　日

审核人：
年　月　日

图 5-3　卷内备考表式样

注：1. 尺寸单位统一为：mm；
　　2. 比例 1∶2。

3）立卷单位的立卷人和审核人应在卷内备考表上签名；年、月、日应按立卷、审核时间填写。

（4）案卷封面的编制应符合下列规定：

1）案卷封面应印刷在卷盒、卷夹的正表面，也可采用内封面形式。案卷封面的式样宜符合《建设工程文件归档规范（2019年版）》GB/T 50328—2014 附录 E 的要求，如图 5-4 所示。

2）案卷封面的内容应包括档号、案卷题名、编制单位、起止日期、密级、保管期限、本案卷所属工程的案卷总量、本案卷在该工程案卷总量中的排序。

3）档号应由分类号、项目号和案卷号组成。档号由档案保管单位填写。

4）案卷题名应简明、准确地揭示卷内文件的内容。

5）编制单位应填写案卷内文件的形成单位或主要责任者。

6）起止日期应填写案卷内全部文件形成的起止日期。

7）保管期限应根据卷内文件的保存价值在永久保管、长期保管、定期保管三种保管期限中选择划定，当同一案卷内有不同保管期限的文件时，该案卷保管期限应从长。

8）密级应在绝密、机密、秘密三个级别中选择划定。当同一案卷内有不同密级的文件时，应以高密级为本卷密级。

（5）编写案卷题名，应符合下列规定：

1）建筑工程案卷题名应包括工程名称（含单位工程名称）、分部工程或专业名称及卷内文件概要等内容；当房屋建筑有地名、管理机构批准的名称或正式名称时，应以正式名称为工程名称，建设单位名称可省略；必要时可增加工程地址内容。

2）道路、桥梁工程案卷题名应包括工程名称（含单位工程名称）、分部工程或专业名称及卷内文件概要等内容；必要时可增加工程地址内容。

3）地下管线工程案卷题名应包括工程名称（含单位工程名称）、专业管线名称和卷内文件概要等内容；必要时可增加工程地址内容。

4）卷内文件概要应符合《建设工程文件归档规范（2019年版）》GB/T 50328—2014 附录 A、附录 B 中所列案卷内容（标题）的要求。

5）外文资料的题名及主要内容应译成中文。

（6）案卷脊背应由档号、案卷题名构成，由档案保管单位填写；式样宜符合《建设工程文件归档规范（2019年版）》GB/T 50328—2014 附录 F 的规定，如图 5-5 所示。

（7）卷内目录、卷内备考表、案卷内封面宜采用 70g 以上白色书写纸制作，幅面应统一采用 A4 幅面。

5.3.4 案卷装订与装具

（1）案卷可采用装订与不装订两种形式。文字材料必须装订。装订时不应破坏文件的内容，并应保持整齐、牢固，便于保管和利用。

（2）案卷装具可采用卷盒、卷夹两种形式，并应符合下列规定：

1）卷盒的外表尺寸应为 310mm×220mm，厚度可为 20mm、30mm、40mm、50mm。

2）卷夹的外表尺寸应为 310mm×220mm，厚度宜为 20~30mm。

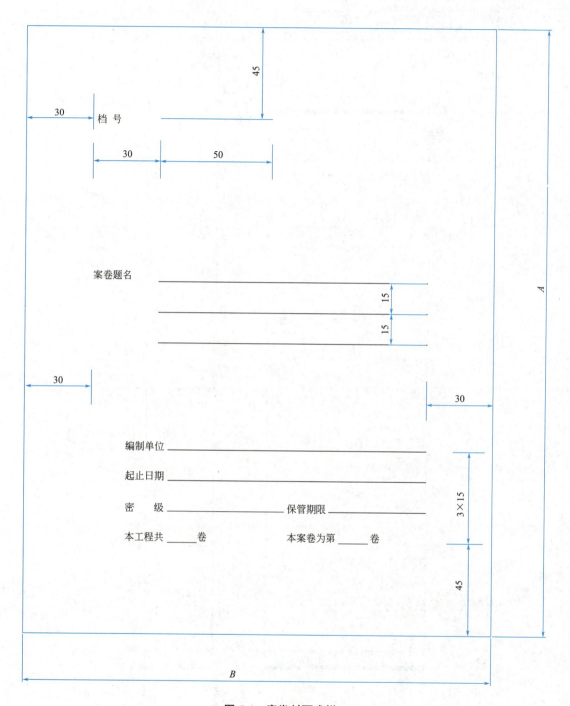

图 5-4 案卷封面式样

注：1. 卷盒、卷夹封面 $A \times B = 310 \times 220$；
  2. 案卷封面 $A \times B = 297 \times 210$；
  3. 尺寸单位统一为：mm，比例 1∶2。

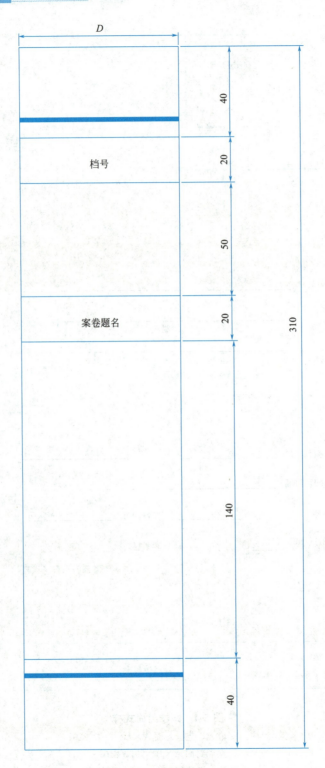

图 5-5 案卷脊背

注：1. D=20、30、40、50mm；
2. 尺寸单位统一为：mm，比例 1：2。

3) 卷盒、卷夹应采用无酸纸制作。

5.3.5 案卷目录编制

(1) 案卷应按《建设工程文件归档规范（2019 年版）》GB/T 50328—2014 附录 A 和附录 B 的类别和顺序排列。

(2) 案卷目录的编制应符合下列规定：

1) 案卷目录式样宜符合《建设工程文件归档规范（2019 年版）》GB/T 50328—2014 附录 G 的要求，见表 5-2。

案卷目录式样　　　　　　　　　　　　　　　　表 5-2

案卷号	案卷题名	卷内数量			编制单位	编制日期	保管期限	密级	备注
		文字（页）	图纸（张）	其他					

2) 编制单位应填写负责立卷的法人组织或主要责任者。

3) 编制日期应填写完成立卷工作的日期。

5.4 工程文件归档

(1) 归档应符合下列规定：

1) 归档文件范围和质量应符合《建设工程文件归档规范（2019 年版）》GB/T 50328—2014 规范第 4 章的规定。

2) 归档的文件必须经过分类整理，并应符合《建设工程文件归档规范（2019 年版）》GB/T 50328—2014 规范第 5 章的规定。

(2) 电子文件归档应包括在线式归档和离线式归档两种方式。可根据实际情况选择其中一种或两种方式进行归档。

归档时间应符合下列规定：

1) 根据建设程序和工程特点，归档可分阶段分期进行，也可在单位或分部工程通过竣工验收后进行。

2) 勘察、设计单位应在任务完成后，施工、监理单位应在工程竣工验收前，将各自形成的有关工程档案向建设单位归档。

(3) 勘察、设计、施工单位在收齐工程文件并整理立卷后，建设单位、监理单位应根据城建档案管理机构的要求，对归档文件完整、准确、系统情况和案卷质量进行审查。审查合格后方可向建设单位移交。

(4) 工程档案的编制不得少于两套，一套应由建设单位保管，一套（原件）应移交当地城建档案管理机构保存。

（5）勘察、设计、施工、监理等单位向建设单位移交档案时，应编制移交清单，双方签字、盖章后方可交接。

（6）设计、施工及监理单位需向本单位归档的文件，应按国家有关规定和《建设工程文件归档规范（2019年版）》GB/T 50328—2014附录A、附录B的要求立卷归档。

5.5 工程档案验收与移交

（1）建设工程档案验收时，应查验下列主要内容：
1）工程档案齐全、系统、完整，全面反映工程建设活动和工程实际状况。
2）工程档案已整理立卷，立卷符合《建设工程文件归档规范（2019年版）》GB/T 50328—2014的规定。
3）竣工图的绘制方法、图式及规格等符合专业技术要求，图面整洁，盖有竣工图章。
4）文件的形成、来源符合实际，要求单位或个人签章的文件，其签章手续完备。
5）文件的材质、幅面、书写、绘图、用墨、托裱等符合要求。
6）电子档案格式、载体等符合要求。
7）声像档案内容、质量、格式符合要求。

（2）列入城建档案管理机构接收范围的工程，建设单位在工程竣工验收备案前，必须向城建档案管理机构移交一套符合规定的工程档案。

（3）停建、缓建建设工程的档案，可暂由建设单位保管。

5.1 《建设工程文件归档规范》（GB/T 50328—2014）

（4）对改建、扩建和维修工程，建设单位应组织设计、施工单位对改变部位据实编制新的工程档案，并应在工程竣工验收备案前向城建档案管理机构移交。

（5）当建设单位向城建档案管理机构移交工程档案时，应提交移交案卷目录，办理移交手续，双方签字、盖章后方可交接。

工作任务

依据现行工程资料管理标准及《建设工程文件归档规范（2019年版）》GB/T 50328—2014规定，结合以上工程背景提供的信息，根据教材单元二、三、四的实训成果，模拟资料管理归档与移交内容。

思考与练习

一、单选题

1. 案卷的卷内目录应排列在（　　）。

A. 案卷封面之后 B. 卷内备考表之后
C. 卷内文件首页之前 D. 卷内文件首页之后

2. 卷盒、卷夹应采用（　　）制作。

A. 版纸 B. 卡纸 C. 无酸纸 D. 双胶纸

3. 城建档案管理机构在进行工程档案预验收时，工程档案已经（　　）并符合档案管理规范的规定。

A. 编制完成 B. 收集分类 C. 整理立卷 D. 移交归档

4. 案卷卷内文件目录中的日期，应填写（　　）的日期。

A. 完成立卷 B. 完成审核 C. 文件形成 D. 完成移交

5. 根据《建设工程文件归档规范（2019年版）》GB/T 50328—2014，资料的分类整理应是资料的（　　）管理过程。

A. 形成 B. 收集 C. 归档 D. 应用

6. 工程文件的具体归档范围应符合（　　）确定。

A. 《建筑工程施工质量验收统一标准》GB 50300—2013
B. 《建设工程监理规范》GB/T 50319—2013
C. 《建设工程文件归档规范（2019年版）》GB/T 50328—2014
D. 《建筑工程资料管理规程》JGJ/T 185—2009

7. 建设工程归档文件是指在工程建设过程中形成的各种形式的信息记录，主要不包括（　　）。

A. 工程准备阶段文件 B. 监理文件
C. 施工文件 D. 变更图

8. 编码为A3的资料是（　　）资料。

A. 项目建议书 B. 选址意见书 C. 勘察报告 D. 施工合同

9. 按照归档文件的质量要求，工程文件应采用打印的形式并使用档案规定用笔，手工签字，在不能够使用原件时，应在复印件或抄件上加盖公章并注明（　　）保存处。

A. 原件 B. 复印件 C. 档案 D. 文件

10. 按照归档工程文件的组卷要求，卷内文件的排列，既有文字材料又有图纸的案卷，（　　）。

A. 文字材料排后，图纸排前 B. 文字材料排前，图纸排后
C. 文字材料和图纸随便排列 D. 交叉排列

二、多选题

1. 工程资料移交应符合下列（　　）规定。

A. 施工单位向监理单位移交 B. 施工单位向建设单位移交
C. 专业承包单位向施工总承包单位移交 D. 专业承包单位向建设单位移交
E. 专业承包单位向监理单位移交

2. 卷盒背脊的内容包括（　　）。

A. 档号 B. 案卷题名 C. 分类号 D. 页码起止号
E. 密级

3. 工程档案归档过程中，勘察、设计、施工单位在收齐工程文件并整理立卷后，（　　）应根据城建档案管理机构的要求，对归档文件完整、准确、系统情况和案卷质量进行审查。

  A. 建设单位   B. 监理单位
  C. 城建档案管理机构   D. 施工单位
  E. 质量监督机构

4. 勘察、设计、施工、监理等单位向建设单位移交档案时应（　　）后方可交接。

  A. 编制移交清单   B. 双方签字
  C. 相互确认   D. 盖章
  E. 相互检查

三、判断题

1. 案卷封面卷内目录卷内备考表不编写页号。（　　）
2. 档号应由分类号、项目号和案卷号组成。（　　）
3. 案卷内不应有重复文件。（　　）
4. 案卷可采用装订与不装订两种形式。文字材料可不装订。（　　）
5. 工程文件按单位工程立卷。（　　）
6. 监理文件应按单位工程、分部工程进行立卷。（　　）
7. 工程文件按单位工程立卷。（　　）
8. 归档的文件必须经过分类整理，并应组成符合要求的案卷。（　　）
9. 建设工程归档文件，是指在工程建设过程中形成的各种形式的信息记录。（　　）

教学单元 6
市政工程施工资料

教学目标

1. 知识目标：
(1) 熟悉市政工程施工资料的分类、组成；
(2) 理解各种市政工程施工资料的概念，了解其相关知识；
(3) 掌握常用市政工程施工资料的内容、编制要求。

2. 能力目标：
(1) 具备收集、编写各类市政工程施工资料的能力；
(2) 具备整理、分类和归档各类市政工程施工资料的能力；
(3) 具备资料员所具有的初步职业能力。

3. 素质目标：
(1) 培养学生严谨、求真、务实的工作态度，认识到细节决定成败；
(2) 培养学生认真细致、精益求精的工匠精神；
(3) 培养学生爱国主义精神、民族自豪感，鞭策学生树立积极向上的人生观。

思维导图

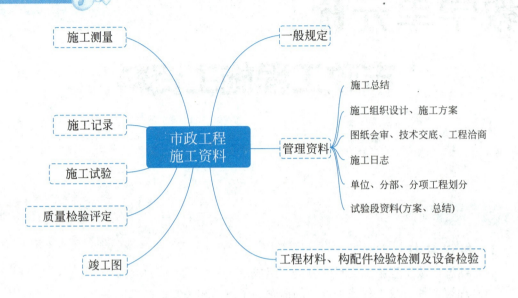

知识链接

港珠澳大桥被称为"现代世界新七大奇迹"之一,是"国家工程·国之重器",作为一项跨海通道工程,开创了中国建桥史上最长里程、最大投资、最高标准以及最高难度的工程。这都离不开施工资料的严格管理。

6.1 一般规定

市政施工资料应按照《天津市市政资料管理规程》DB/T 29—265—2019(以下简称"本规程")附录 A 进行分类,主要包括 C1(管理资料)、C2(工程材料、构配件检验检测报告)、C3(施工测量检测记录)、C4(施工记录)、C5(检测结果汇总)、C6(施工试验记录)、C7(施工检验检测报告)、C8(质量检验评定资料)和 E 类(竣工图)9 类内容。

施工资料的填写、编制、审核及审批应符合国家现行标准的规定;实测项目应按要求由相关人员进行检测和填写,数据真实可靠。

专业承包单位应按本规程的要求,将施工中形成的资料及时填写、整理并移交总承包单位,保证施工资料的完整齐全。总承包单位应负责施工资料的收集、整理、汇总、归档和移交工作。

新工艺、新材料、新技术、新设备在施工过程中应用的资料,应包含在施工资料内。

施工资料管理用表应符合本规程附录 E 的规定。

6.2 管理资料

6.2.1 施工总结

施工完成后,应对整个施工过程进行全面总结。施工总结应包括以下主要内容:
(1) 工程概况。
(2) 组织机构组成。
(3) 质量管理情况。
(4) 施工进度控制情况。
(5) 造价完成情况。
(6) 施工安全与文明施工情况。
(7) 环境保护与节约用地措施。
(8) 新工艺、新材料、新技术、新设备的应用情况。
(9) 工程洽商和变更情况。
(10) 工程遗留问题和建议。

6.2.2 施工组织设计

施工组织设计应符合下列规定:
(1) 施工组织设计应以施工项目为对象编制,用以指导施工组织与管理、施工准备与实施、施工控制与协调、资源配置与使用等。
(2) 施工组织设计的主要内容与要求应按照现行国家标准《市政工程施工组织设计规范》GB/T 50903—2013 的规定执行。
(3) 施工组织设计应由施工单位项目负责人主持编制,经施工单位技术负责人批准,报监理单位和建设单位审批后方可实施。

6.2.3 施工方案

施工方案应符合下列规定:
(1) 施工方案应以各专业分部、分项工程为主要对象编制,用以具体指导其施工过程。
(2) 施工方案应包括工程概况、施工安排、施工准备、施工方法及主要施工保证措施等基本内容。
(3) 施工方案应由施工单位项目负责人主持编制;由专业承包单位施工的分部、分项工程,施工方案应由专业承包单位的项目负责人主持编制。

(4) 施工方案应由施工单位项目技术负责人审批；重点、难点分部、分项工程的施工方案应由施工单位技术负责人审批；由专业承包单位施工的分部、分项工程，施工方案应由专业承包单位的技术负责人审批，并由施工单位项目技术负责人核准备案。

6.2.4　图纸会审

图纸会审前施工单位应组织施工、质量等技术人员熟悉施工图，结合实际情况向建设、监理和设计单位反馈图纸会审意见，并填写图纸会审记录。

6.2.5　技术交底

技术交底应符合下列规定：
（1）技术交底应包括设计交底、施工组织设计交底和分部、分项工程交底等。技术交底应以书面形式进行，且交底双方需签字确认。
（2）设计交底应由建设单位组织设计、监理、施工等单位参加。设计交底由建设单位整理、汇总，四方单位保存。
（3）施工组织设计交底应在工程开工前，由项目技术负责人向项目施工管理人员介绍施工组织设计中的施工部署、施工方案、技术措施、质量安全保证计划等内容，以便科学地组织施工。
（4）分部、分项工程交底应在分部、分项工程施工前，由项目技术负责人向项目施工管理人员进行分部、分项工程的施工方法与措施、技术质量要求、关键部位、隐蔽工程等内容的交底，再由项目施工管理人员向全体作业人员进行具体施工操作方法等内容的交底。

6.2.6　工程洽商

工程洽商中参建各方应根据项目实施过程中的未尽事宜提出洽谈商量，在取得一致意见后或经相关部门审批确认后的洽商可作为合同文件的组成部分之一。工程洽商记录应按专业填写，内容详实，相关单位负责人签字齐全。

6.2.7　施工日志

施工日志应符合下列规定：
（1）施工日志应由专人负责收集、整理、填写和保管。项目负责人和记录人员应及时签字。
（2）施工日志应包括以下主要内容：
1）日期、天气、气温、工程名称、施工部位、施工内容、应用的主要工艺。
2）人员、材料、机械到场及运行情况。
3）材料消耗记录、施工进展情况记录。

4) 施工是否正常。
5) 外界环境、地质变化情况。
6) 有无意外停工。
7) 有无质量问题存在。
8) 施工安全情况。
9) 监理到场及对工程认证和签字情况。
10) 有无上级或监理指令及整改情况等。

6.2.8 单位、分部、分项工程划分

单位、分部、分项工程划分应符合下列规定：
（1）工程开工前，应按本规程要求进行单位、分部、分项工程的划分。由项目技术负责人负责审核，报监理审批。工程发生重大变更影响单位、分部、分项划分时，应及时进行调整并履行相关审批手续。
（2）各专业单位、分部、分项工程的划分应符合本规程附录 B 的规定。

6.2.9 试验段资料（方案、总结）

试验段资料（方案、总结）应符合下列规定：
（1）采用新技术、新工艺或其他情况需设置试验段的工程项目，在试验段施工前应编制试验段施工方案；试验段施工完成后应形成试验段施工总结。
（2）试验段施工方案应包括编制依据及范围、工程概况、施工准备、施工工艺等方面的内容；试验段施工总结应包括工程概况、试验段目的、试验段选择原因、最终确定的方案、试验段施工步骤等方面的内容。

6.3 工程材料、构配件检验检测及设备检验

工程中使用的工程材料及构配件应为合格产品，并有出厂质量证明文件（包括质量合格证明文件或检验检测报告、产品生产许可证、产品合格证等）。产品质量合格证明文件及出厂检验报告应真实有效。
工程中使用的工程材料及构配件进入施工现场后应按规定进行复试，复试合格后方可使用。进入施工现场的工程材料及构配件的取样频率及方法应符合本规程附录 F 的规定。
排水泵站、污水处理厂及再生水厂工程所用主要设备质量应符合国家、行业、地方现行标准或设计文件规定。当监理单位或建设单位对设备质量有质疑，应进行解体检验，并作好检验记录。设备随机文件（包括装箱单、产品合格证明、设备安装说明书等）应齐全。
对涉及结构安全、节能、环境保护和主要使用功能的试块、试件及材料，应在进场时

或施工中按规定进行见证检验。见证取样的数量不应低于施工应检频率的 30%。

检验检测报告的内容、结论等相关信息应符合《天津市建设工程检测试验技术管理规程》DB 29—230—2015 的有关规定。

工程材料、构配件应按照本规程附录表 G.0.1 出具相应的检验检测报告。建筑工程应按照现行天津市标准《天津市建筑工程施工质量验收资料管理规程》DB/T 29—209—2020 执行。

6.4 施工测量

施工测量应包括测量复核、竣工测量、工程检测类测量及监控量测等内容。

施工单位在开工前，应根据建设单位组织的交桩做好交桩记录并现场签字，再根据设计单位（勘察单位）提供的水准点和控制点对施工放线的线位、标高等测量标志进行测量复核，以防止发生测量返工事故。

竣工测量是检验施工质量和使用功能的重要环节，应在工程完工后竣工预验收前进行，并做好实测记录。

工程检测类测量应按照相关要求执行。

需要进行监控量测的工程，监测点和监测断面布设应符合设计要求，应对监测数据进行及时分析处理，并做好预警管理。

6.5 施工记录

（1）施工记录应符合下列规定：

1）施工操作应严格按照国家、行业和地方现行标准、规范和规程执行。施工中应认真做好施工记录，为竣工验收、归档提供可靠依据。

2）施工记录应与工程同步进行，并与施工实际情况相符，真实可靠。

3）施工记录应按照表格要求填写，签字齐全。

（2）隐蔽验收检查记录是施工记录中的一项重要内容，隐蔽工程验收应符合下列规定：

1）隐蔽工程验收应在施工单位自检合格的基础上进行，参加隐蔽工程验收的单位均应履行隐蔽工程验收程序。

2）隐蔽工程验收前应按照道路、桥梁、排水、污水处理厂及再生水厂工程等分专业对隐蔽验收部位和隐蔽内容进行划分。隐蔽工程验收段落的划分应由施工、监理单位根据工程实际完成的情况确定，但不宜划分得过多。

3）隐蔽工程的隐蔽验收部位、隐蔽内容及划分范围应按照本规程附录 H 的规定执行。

6.6 施工试验

施工试验是在施工过程中进行的技术参数检测，应满足设计文件和相关规范的质量要求。施工过程中应按照国家、行业和地方的相关规定，进行相应的性能检验和功能性试验。检验检测报告的内容、结论等相关信息应符合《天津市建设工程检测试验技术管理规程》DB 29—230—2015 的有关规定。施工过程中的检验和试验项目、检测频率及方法应符合本规程附录 F 的规定。施工单位自行完成的试验，应按照本规程附录 E（C6）填写相应的试验记录。由检验检测机构进行检验检测的项目，应按照本规程附录表 G.0.2 中的表格出具相应的检验检测报告。建筑工程应按照《天津市建筑工程施工质量验收资料管理规程》DB/T 29—209—2020 执行。

6.7 质量检验评定

质量检验评定应以现行国家、行业标准以及地方现行相关标准为依据。

市政基础设施工程质量检验评定应以检验批为基础，汇总形成分项工程评定，然后逐级进行分部工程评定和单位工程评定。其评定记录应包括检验批质量检验记录、分项工程质量检验记录、分部工程质量检验记录、单位工程质量竣工验收记录、单位（分部）工程质量控制资料核查记录、单位（分部）工程安全和功能检验资料核查及外观质量核查记录。

6.8 竣工图

天津市行政区域内的新建、改建、扩建工程均应编制竣工图，竣工图应真实反映竣工工程的实际情况。竣工图应由施工单位编制，并按要求加盖竣工图章，相关责任人签字。未发生设计变更的，宜在原施工图上加盖竣工图章；涉及一般性设计变更的，可利用施工图改绘竣工图，且应标明变更修改依据所在卷、页号及条款；结构形式、工艺、平面布置、项目等有重大改变或变更部分超过图面三分之一的，应重新绘制竣工图。竣工图应准确、规范、整洁、完整，不得用圆珠笔或其他易于褪色的墨水绘制。竣工图应折叠成 A4 图幅，图标露出。竣工图上应打有页码并加盖图章，竣工图章应使用不易褪色的红印泥，盖在图标栏上方空白处，尺寸宜为 80mm×50mm。

6.1 《建筑与市政工程施工质量控制通用规范》（GB 55032—2022）

工作任务

依据现行工程资料管理标准，学习市政工程施工资料的组成及内容，各类市政工程施工资料的填写，也可收集完成资料并进行分类归档。

思考与练习

一、单项选择题

1. 以下属于市政工程施工资料管理资料的是（   ）。
   A. 施工日志　　　B. 施工测量　　　C. 施工记录　　　D. 施工试验
2. （   ）是工程验收的最小单位。
   A. 单位工程　　　B. 分部工程　　　C. 分项工程　　　D. 检验批
3. 设计交底由（   ）整理、汇总，四方单位保存。
   A. 建设单位　　　B. 施工单位　　　C. 设计单位　　　D. 监理单位
4. 竣工图上应打有页码并加盖图章，竣工图章的尺寸为（   ）。
   A. 80mm×50mm　　　　　　　　B. 297mm×210mm
   C. 80cm×80cm　　　　　　　　D. 420mm×297mm
5. 市政基础设施工程质量检验评定应以（   ）为基础。
   A. 检验批　　　B. 分项工程　　　C. 子分部工程　　　D. 分部工程

二、简答题

1. 施工方案的编制和审批流程是什么？

2. 隐蔽工程验收的基本规定是什么？

教学单元 7
工程资料管理软件应用

Chapter 07

> 教学目标

1. 知识目标：
(1) 了解资料管理软件的主要功能；
(2) 理解资料管理软件操作原理；
(3) 掌握施工资料管理软件操作步骤。

2. 能力目标：
(1) 具备运用资料管理软件来制作资料的能力；
(2) 具备运用资料管理软件来组卷、归档的能力；
(3) 具备资料员所具有的信息化资料管理职业能力。

3. 素质目标：
(1) 培养学生爱岗敬业精神，提升职业素养；
(2) 培养学生认真细致、精益求精的工作态度，培养工匠精神；
(3) 培养学生团队精神，提高团队协作能力，提高有效交流能力。

思维导图

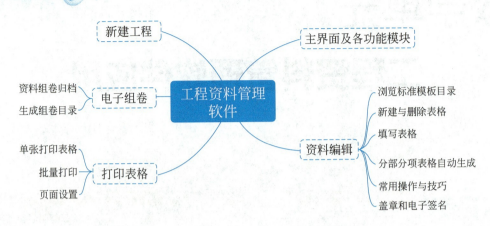

知识链接

早期的建筑资料由手写形式记录，存在诸多弊端，如不规范性效率低下，易风化影响资料完整性等。经济的飞速发展带动了技术的进步，建筑资料也由最初的手写版发展到现在的信息化电子版，并且有一套完整的规程约束，是现代工程资料管理质的飞跃。

7.1 主界面及各功能模块

安装完成后，在桌面上生成快捷方式，双击桌面图标，启动工程资料管理软件。

1. 软件注册（图 7-1）

如果插上加密锁打开软件提示资料注册窗口，需先注册。

2. 账户登录（图 7-2）

第一次打开软件，会提示账户登录，如果没有账户，点左下角的"账户注册"直接注册一个账户，登录账号后可享受直接下载程序、在线升级、直通网站、在线课堂等服务。把"记住密码""自动登录"打上勾，下次打开软件就会自动登录。

直接关闭账户登录窗口，不影响软件基本功能的使用。

3. 在线升级

目前最新版的程序，已有在线升级功能，当有软件升级时，打开软件会自动弹出系统提示，提示发现升级文件，是否升级，点"是"会弹出升级程序界面，选择升级的下载方式，按提示操作就可以升级为最新版本的软件（图 7-3 和图 7-4）。如果没有登录注册账号，请登录注册账户，没有注册账户的用户可以免费点"账户注册"进行注册。

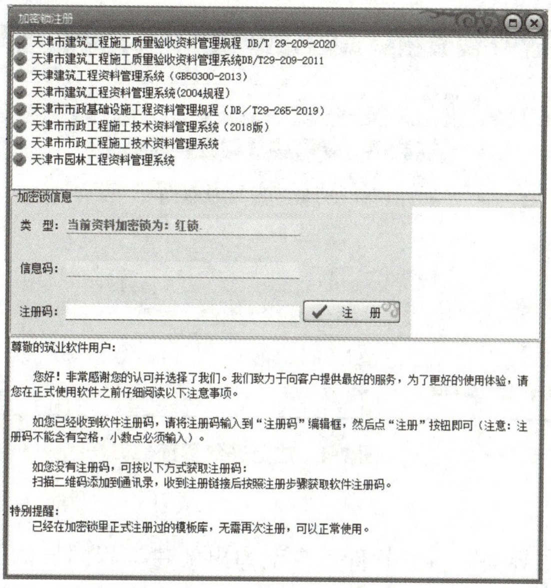

教学单元 7　工程资料管理软件应用

图 7-1　软件注册

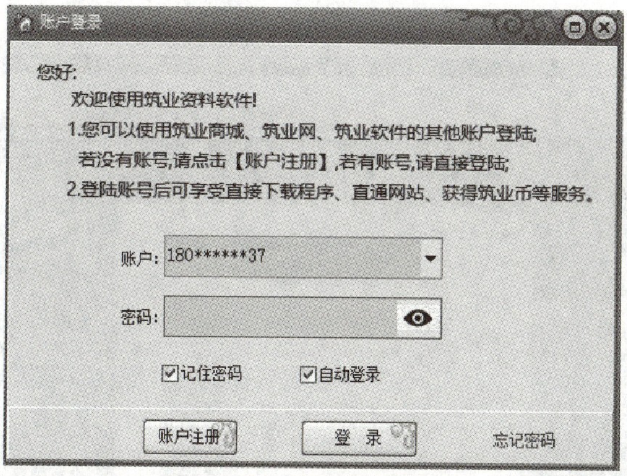

图 7-2　用户登录界面

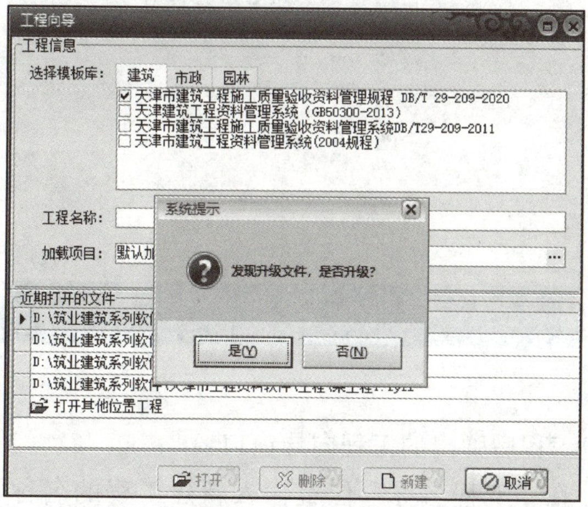

图 7-3　升级弹窗

143

建设工程资料管理

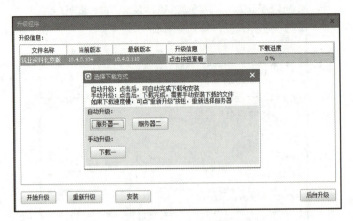

图 7-4　注册升级界面

4. 软件主界面

图 7-5 是软件的主界面，打开软件后自动弹出新建工程向导的窗口，第一次使用只需要在"工程名称"栏输入即可，"近期打开的文件"为最近几次打开过的工程，在下面可以双击打开。

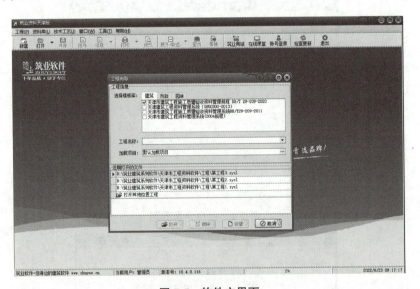

图 7-5　软件主界面

7.2　新建工程

图 7-6 是点击新建工程后弹出的工程向导窗口：

选择相应的类型，在"工程名称"位置输入新建工程的名称，然后点击"新建"按钮，即可新建工程。

144

教学单元 7　工程资料管理软件应用

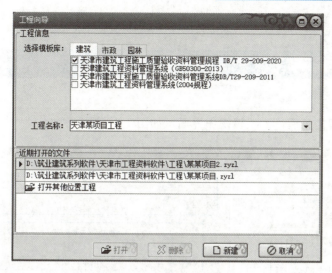

图 7-6　工程向导窗口

点击新建工程后会有初始化操作，软件初始化操作完毕后弹出设置-工程信息窗口，在页面中输入工程基本信息，包括：工程项目名称、工程地址（建设地点）、建筑结构类型等（图 7-7）。

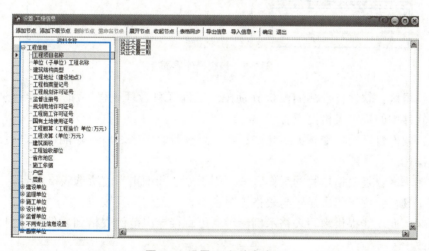

图 7-7　设置-工程信息窗口

一份规范的工程资料，在填写工程基本信息时应注意：
（1）工程信息必须填写正确、完整。
（2）在同一项中有多条内容时，可按回车键换行加入多条内容。

在填写工程信息退出后，若需要再次编辑可在"系统维护"菜单下"工程信息"项或点击工具栏中"信息"按钮对工程信息进行再次修改。"工程信息"修改完成后可点击"表格同步"按钮来更新表格中错误的工程信息。

"工程信息"中主要包括"工程基本信息"和"相关单位信息"，这些都是填写表格时必须有的信息，可在以后新建表格时将您所填的信息自动导入表格中。因此，完整、规范地输入这些信息将会极大地提高填表效率。

145

7.3 资料编辑

在您填完工程信息后进入编辑操作界面，如图 7-8 所示。

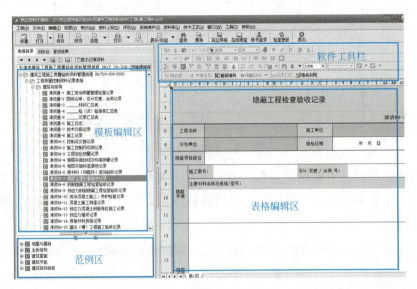

图 7-8 编辑操作界面

模板编辑区：软件自带标准模板分别按"工程资料管理规程"和"组卷目录"排序，用于显示软件中的资料表格模板。

注意：软件自带的标准模板不允许删除；只有新建表格之后，才能对其进行填写、编辑等处理操作。

表格编辑区：是表格填写的工作区域，用于显示和编辑当前所选表格内容。

软件工具栏：用于集中显示与表格填写、编辑有关的工具按钮。

范例区：此功能提供填写表格示例参考。可直接导出范例表格到软件目录对应表下进行编辑修改。

下面将按照表格填写的常规步骤，介绍相关详细的操作。

7.3.1 浏览标准模板目录

图 7-9 是资料软件自带的表格模板目录，想要查找表格首先确认表格所属编制单位（基建文件、监理资料、施工资料等）找到相应的目录，然后展开该级目录进行查找。在标准模板中，左击鼠标 的"＋"展开模板目录，选择 表格模板，在表格编辑区中显示所选的表格，这样我们就完成了表格模板的选择。

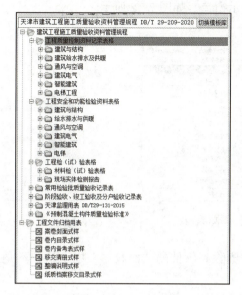

图 7-9　标准模板目录

7.3.2　新建与删除表格

1. 新建表格

新建表格，是资料软件中使用最多的一个功能，选中需要的表格模板，右击鼠标选择"新建表格"或在所需的表格模板上双击即可新建表格。

在弹出"新建表格"窗口中，用户可在"表格名称"栏上修改表格的名称，可以输入多行，同时创建多张表格。如图 7-10 所示。

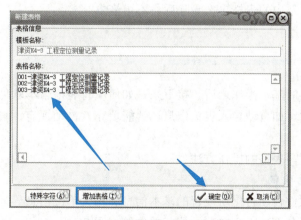

图 7-10　新建表格

2. 删除表格

在新建表格完成后，因为各种原因可能需要删除，这时候可以在要删除的表格上右击选择"删除表格"。如图 7-11 所示。

选择删除表格弹出提示窗口。如图 7-12 所示。

图 7-11　删除表格

图 7-12　提示窗口

选择"是"则表格被删除到软件的"回收站"中（注：不是系统的回收站里），选择"否"则不删除。

图 7-13 是表格被删除到软件回收站，在这里可以右击选择"清空回收站""还原表格""删除表格"等操作。

图 7-13　表格被删除到软件回收站

注：将软件回收站中的表格再次删除后将不可恢复。

7.3.3　填写表格

完成了新建表格的基本操作之后，接下来是如何填写表格。本软件提供了方便、快捷的多种表格填写功能，如自动导入表头信息、智能填充、自动评定、自动计算、汇总、自动生成统计表等。

下面详细介绍填写表格的操作方法。

1. 填写工程基本信息

新建表格后，软件自动将您所设置的基本信息和相关单位信息导入该表格中。如工程项目名称、分部（子分部）工程名称、施工单位等（图 7-14）。

说明：如果表格中某个栏目的信息存在多种选择（如工程中存在两个分包单位），则左键双击该单元格，从弹出的对话框中进行选择（图 7-15）。

根据实际工程数据修改自动导入的表头信息，点击窗口中的"编辑"按钮进入编辑框输入实际数据，然后退出，再双击该单元格弹出多项选择。

教学单元 7　工程资料管理软件应用

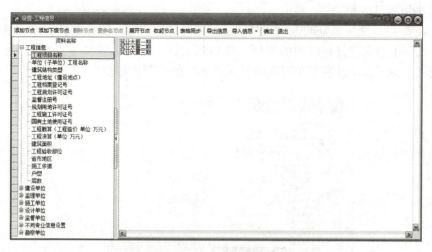

图 7-14　设置基本信息

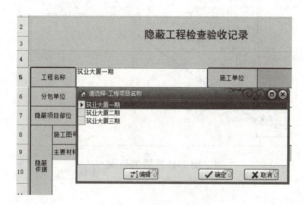

图 7-15　选择工程名称

软件还提供了工程信息表格同步功能，可以统一修改、替换自动填表的内容，直接在工程信息里把相应接点下的第一条信息修改后，点击工具栏的表格同步按钮如图 7-16 所示，会自动弹出提示窗口。

图 7-16　工程信息表格同步

2. 范例填表

范例表格，是使用做好的范例表格中已经填写好的内容，填充到新建的表格中。

另外软件里面支持将自己做的表格，添加到范例，作为后续参考。表格上点击右键，添加到范例，即可在软件左下角范例区看到添加后的范例。如图 7-17 所示。

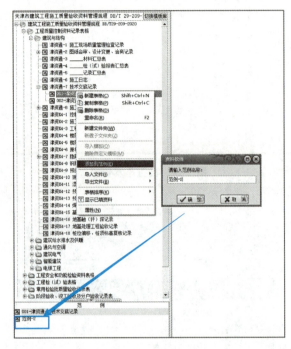

图 7-17 添加范例

3. 添加相关资料

在进行表格整理时，有时候需要将一些其他资料（如复印件等）作为附件与表格一起收集整理。针对这种情况，本软件提供了附件管理功能进行添加附件。具体操作步骤如下：

（1）首先，将这些作为附件的资料保存为电子文件（如通过扫描等）。

（2）点击工具栏的"附件"按钮，弹出"附件管理"窗口，如图 7-18 所示。

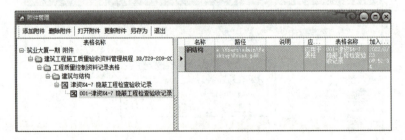

图 7-18 附件管理窗口

（3）添加相关资料，选择要添加附件的表格，单击"添加附件"按钮，然后在弹出窗口选择要添加的附件，调入后的电子文件可以加上标题和简要说明。

（4）查看已添加的附件，点击附件按钮然后点击工程附件就看到了。

7.3.4 分部分项表格自动生成

本节将通过填写检验批表格的流水方式介绍分部分项功能的使用。本软件可根据检验批表格自动生成分项表，由分项表格生成子分部表格，再由子分部表格生成分部表格的汇总。具体的使用方法如下：

首先新建一张检验批表格，在左边的目录树中找到模板工程检验批表格，右击选择"新建表格"弹出对话框，如图7-19所示。

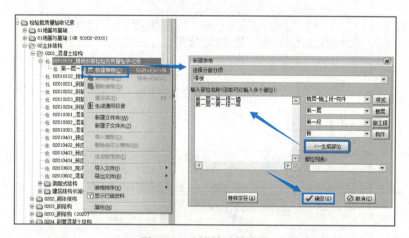

图7-19 生成检验批表格

输入验收部位名称，按回车可以输入多个部位名称，这样可以新建多张不同部位的表格，点"确定"。所有检验批表格填写完成后，点击"分部分项"按钮，会自动生成分级显示的目录结构，如图7-20和图7-21所示。

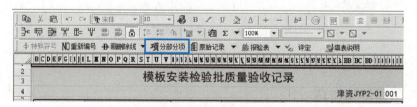

图7-20 分部分项按钮

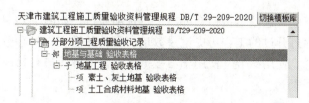

图7-21 分级显示

建设工程资料管理

同时,软件自动生成两张表格,由上到下依次是分部表格、分项表格。

软件根据检验批表格的验收部位,评定结果自动生成分项工程质量验收记录表,如图7-22所示。

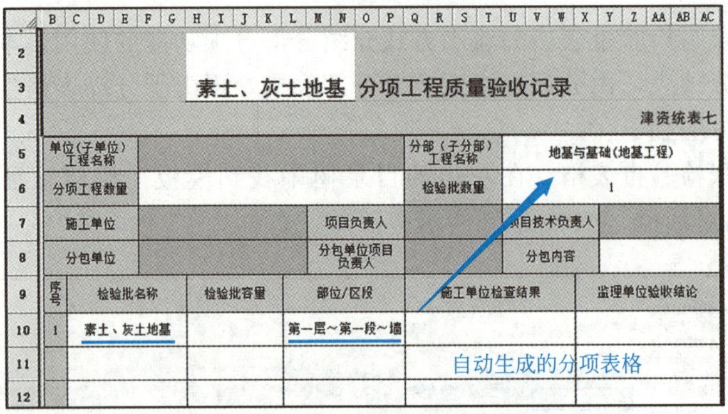

图7-22 自动生成分项表格

由子分部生成分部表格,如图7-23所示。

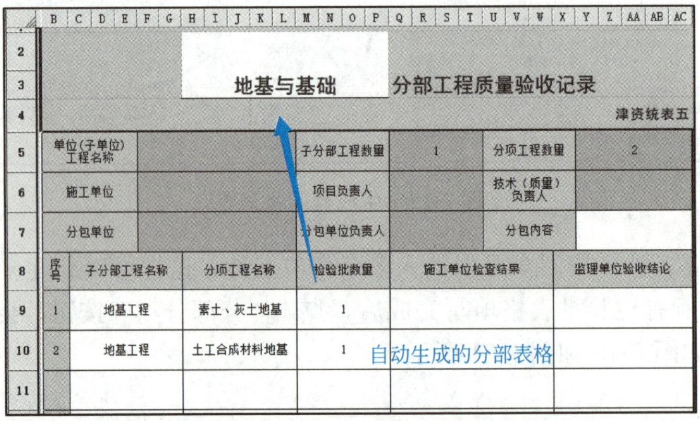

图7-23 生成分部表格

注:箭头所指部位为软件的自动汇总填写。

7.3.5 常用操作与技巧

1. 工具选项

点击工具菜单下的"选项"按钮会弹出工具选项窗口,如图7-24所示。

可以对自动保存打开过的工程历史记录数量、自动备份文件保存数量、新建工程和组卷文件默认存放路径、使用截屏、使用学习数据填充快捷键等进行修改设置,可以大大提高工作的效率(图7-25)。

2. 学习数据选项设置

点击"系统维护"→"工程设置"→"学习数据选项设置",会弹出设置窗口,可以对评定标准、填充范围、保留小数位数等进行灵活的设置(图7-26)。

教学单元 7　工程资料管理软件应用

图 7-24　工具选项

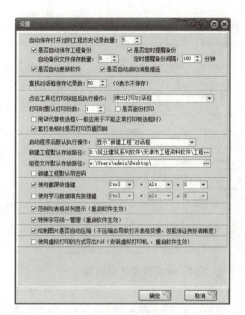

图 7-25　设置窗口

图 7-26　学习数据选项菜单

对于设置保留小数位数，软件还提供对合格点数百分比进行自定义设置，方便对准确率的控制，可对填充随机数正值前面是否填入"＋"号，新建检验批类表格时是否自动填充随机数，填充值是否折行显示进行设置，同时还可以根据需要对评定结果的标识进行灵活调整。有这些功能极大地加快填表速度和数值准确率（图 7-27）。

选中需要设置评定范围的单元格，右击选择"设置评定标准"弹出如图 7-28 所示窗口，可以对标准上限和下限进行设置。

3. 查找功能

如果要在资料表格模板中搜索表格，在工具栏上点击"查找"按钮或按键盘上 F3 键，弹出"查找窗口"，如图 7-29 所示。

在该窗口中输入所要查找的关键字，设置选项、起始位置、查找范围和查找的方向。选择"查找全部"在表格模板目录中进行搜索。搜索到目标表格后，软件在查找结果中显示所查到的相关文字的表格。也可选择"查找下一个"则需手动一个个显示所查到的相关表格。

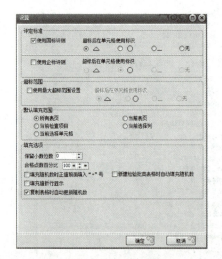

图 7-27　学习数据选项设置

图 7-28　设置评定标准

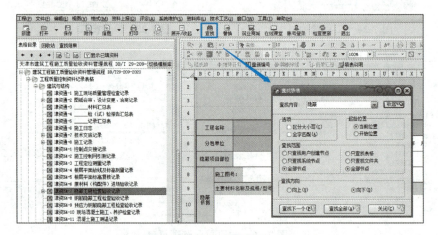

图 7-29　查找窗口

选择所要的表格，再回到表格目录中，软件自动定位在所选的表格。如图 7-30 所示。

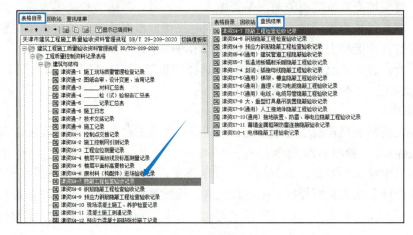

图 7-30　查找关键字

4. 替换功能

替换功能是对表格中的工程通用信息进行统一修改，点击工具栏上"替换"按钮，如图 7-31 所示，在查找内容中输入要替换的内容点击"替换"。点击"替换所有表格"是对工程中所有表格中的工程名称进行替换，还可以对当前表页、表格或当前目录下的表格统一调整，如果勾选"替换只读单元格"，还可以对锁定单元格的文字进行替换。

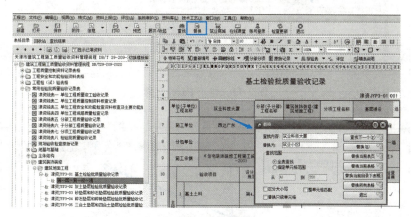

图 7-31 替换窗口

5. 调整目录结构

本软件允许用户调整当前工程资料的目录结构，如图 7-32 所示。

← 为左移，移动目标节点与父节点同级。

→ 为右移，移动目标节点为上一节点的子节点。

↑ 为上移，在同一级别移动目标节点的位置。

↓ 为下移，在同一级别移动目标节点的位置。

注意：

(1) 在当前工程目录中，对客户新建的数据表格进行移动，表格模板不能移动。

(2) 在节点为同级节点中最高或最低级别时不能移动。

6. 表格导入、导出

(1) 表格导入：可导入 Excel 文件、文本文件、Word 文档以及批量导入表格。

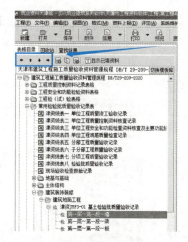

图 7-32 调整目录结构

1) 导入 Excel 文件：①选择要导入 Excel 文件的文件夹或模板，右击文件夹或模板选择"导入文件"→"Excel 文件"项，弹出"读入 Excel 文件"窗口；②在弹出的窗口中点击"…"按钮，弹出"选择 Excel 文件"窗口，在该窗口中选择所要导入的文件，点击"打开"返回"读入 Excel 文件"窗口，点击"开始转换"按钮将表格导入到当前目录下即可（图 7-33）。

2) 导入文本文件：①选择要导入文本文件的文件夹，右键"导入文件"→"导入文本文件"；②点击"…"按钮，在弹出窗口中选择所要导入的文件，点击"打开"返回"读入文本文件"窗口，然后根据所需的样式选择相应的文本显示样式及预览样式，点击

图 7-33 导入 Excel 文件

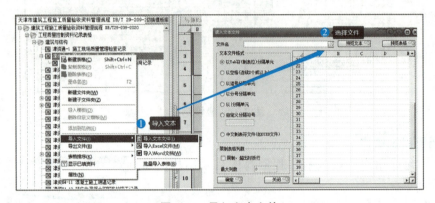

图 7-34 导入文本文件

图 7-35 表格导出

"确定"即可导入（图 7-34）。

3）导入 Word 文档：方法跟导入 Excel 表格一样。

4）批量导入表格：软件新增加了批量导入表格的功能，方便用户统一导入，右击选择批量导入表格后会弹出浏览文件夹窗口，放到相应的文件夹，点击确定，这样在目录下就会多一个文件夹，文件夹里有的 Excel 和 Word 表格就能批量一次性导入软件中。

（2）表格导出：可导出文本文件、Excel 文件、PDF 文件，批量导出 PDF，可以结合自己的需求，选择相应的格式导出（图 7-35）。

1）导出的文本、Excel、PDF 文件都是单个导出。操作类似，下面以导出 Excel 为例：选择要导出 Excel 的表格，右键选择"导出 Excel 表格"，选择"输出路径"，点击"确定"即可，如图 7-36 所示。

2）批量导出 PDF，选择要导出的表格，右键"批量导出 PDF"，弹出"自定义导出 PDF"窗口，自定义选择自己需要导出的表格，选择导出 PDF 即可（图 7-37）。

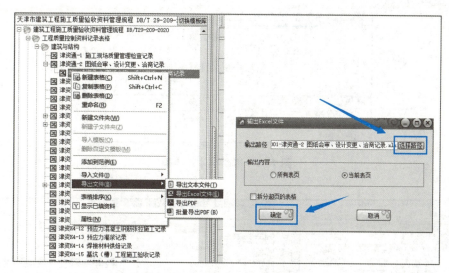

图 7-36　导出 Excel 表格

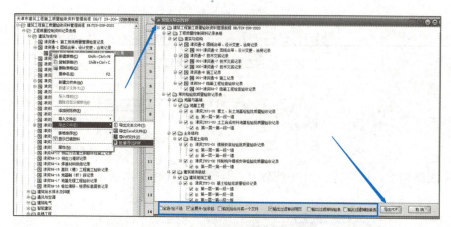

图 7-37　批量导出 PDF

7. 工具栏

在表格上工具栏上，可以看到具备修改表格的工具条和功能按钮。主要提供对工程用表的编辑修改，如图 7-38 所示。

图 7-38　工具栏

（1）字体设置在表格上方，可以选择字体、字号（图 7-39）。

如果想要批量修改字体，可通过"格式"→"字体"→"设置字体"，根据需要选择好后点确定可以灵活进行调整字体（图 7-40）。

（2）对齐方式：对表格中文本的上、下、居左、居中、居右及文本换行设置，如图 7-41 所示。

图 7-39 修改字体、字号

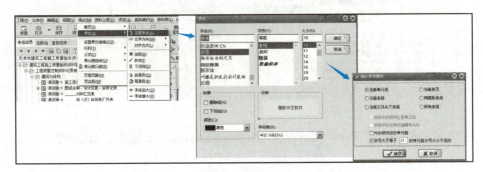

图 7-40 工具栏字体字号设置

图 7-41 对齐方式

(3) 表格追加，插入行、列，删除行、列操作，如图 7-42 所示。

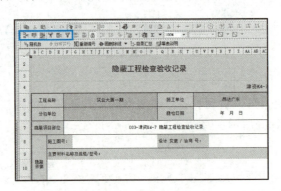

图 7-42 表格追加

(4) 设置单元格锁定，如图 7-43 所示。
(5) 合并/拆分，如图 7-44 所示。
(6) 画线，如图 7-45 所示。
(7) 调整行高和列宽（图 7-46）：实际填写资料时，有些表格中的单元格需要根据实际填写的内容进行调整行高和列宽。具体操作如下：

教学单元 7　工程资料管理软件应用

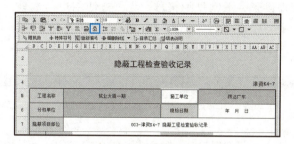

图 7-43　设置单元格锁定

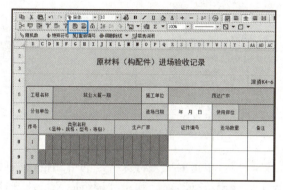

图 7-44　合并/拆分

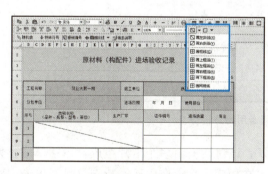

图 7-45　画线

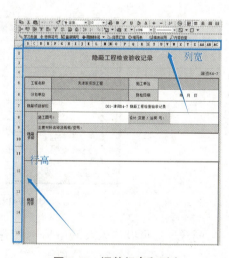

图 7-46　调整行高和列宽

1）选择要进行调整单元格行高和列宽的表格，点击"视图"菜单选择"行列标"即可显示表格的行标或列标。

2）将鼠标放置在行高的边界或列宽的边界，然后向下或向右拖动鼠标调整合适的行高度或列宽度。

8. 插入 Windows 特殊符号/工程专用符号

在填写资料表格时，往往会遇见特殊符号的填充问题。虽然有些输入法中也提供这些

159

特殊符号，但是也都提供了一般常见的符号，为了方便用户，本软件将一些常用的特殊符号汇集在一起，软件中特殊符号有"插入 Windows 特殊符号""插入工程专用特殊符号"供用户选择使用（图 7-47）。

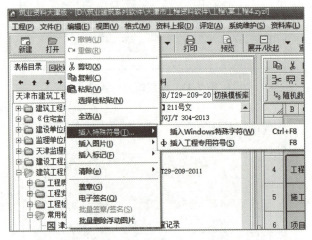

图 7-47　插入 Windows 特殊符号

"插入工程专用特殊符号"：单击要插入特殊符号的单元格，然后"编辑"菜单→"插入特殊符号"→"插入工程专用符号"项，弹出"词组库及特殊符号"对话框，如图 7-48 所示。

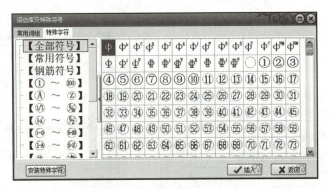

图 7-48　工程专用特殊符号

同样方法可以"插入 Windows 特殊符号"，该对话框由多个卡片组成，包括单位、数字、拼音、标点、特殊符号和数字符号。只需在相应卡片中选中所需特殊符号，单击"确定"即可将所选特殊符号插入单元格中，如图 7-49 所示。

9. 插入图片/清除图片

有些表格按照要求需要在单元格中插入图片，本软件可以十分便捷地将图片插入单元格中，并且在插入图片的同时还可以输入说明性文字（在仅仅使用图片无法清楚表达问题的情况下，插入图片的同时还需输入说明性文字）。

插入背景是供各地方要求带水印背景图而设置的。

在单元格中插入图片有如下几种方式。

教学单元 7　工程资料管理软件应用

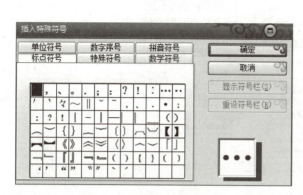

图 7-49　Windows 特殊符号

图 7-50　插入图片

1）从文件插入图片

选中要插入图片的单元格，单击"格式"→"插入图片"（或右键鼠标选择"插入图片"）→"从文件导入图片"，弹出"插入图片"窗口，如图 7-50 和图 7-51 所示。

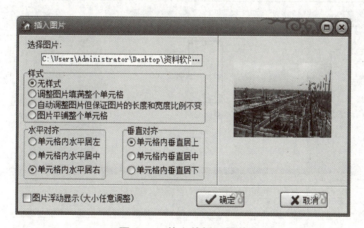

图 7-51　从文件插入图片

从弹出的窗口选择要插入的图片（注：该图片最好为 JPG 格式），点击"打开"按钮即可将该图片导入"插入图片"框中。

在"插入图片"窗口中设置图片效果，勾选"图片浮动显示"，插入表格中的图片，可以任意调整其大小，单击"确定"图片即插入表格中。

2）自带绘制图片工具

选中要插入图片的单元格，单击"格式"→"插入图片"（或右键鼠标选择"插入图片"）→"绘制图片"（图 7-52），弹出资料画图（绘图工具）窗口，这样就可以使用软件自带的画图工具绘制图片（图 7-53）。绘制完成后关闭绘图工具，在弹出的"是否将图形保存并更新"的对话框中（图 7-54），选择"是"就可以自动将绘制好的图片插入当前单元格中（图 7-55）。

161

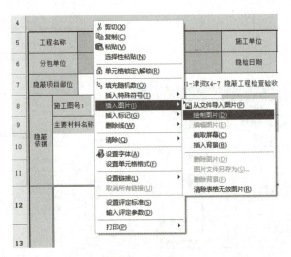

图 7-52 绘制图片

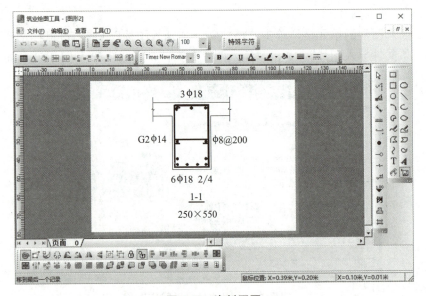

图 7-53 资料画图

图 7-54 更新弹窗

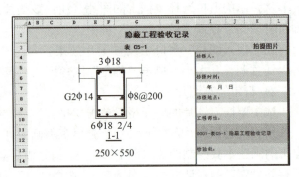

图 7-55 更新后界面

3）直接复制 CAD 图到绘图工具

如果想将绘制好的 CAD 图插入到表格中，可以直接打开 CAD，选中所需要添加到表格的内容，右键复制。然后打开资料软件的绘图工具，直接在绘图区右击选择粘贴，这样就可以把 CAD 图复制到绘图工具中了（图 7-56 和图 7-57），然后可以调整大小、位置、添加文字、图形等操作（图 7-58），极大方便用户处理 CAD 图插入的问题。CAD 插入效果如图 7-59 所示。

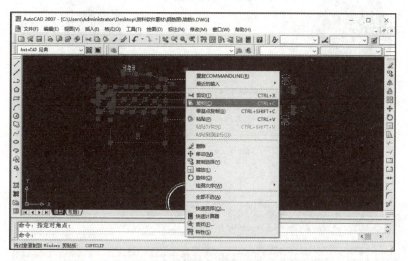

图 7-56　打开 CAD 复制图元

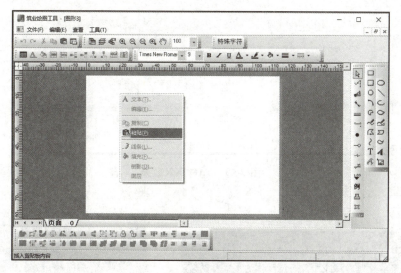

图 7-57　粘贴

4）截屏插入图片

选中要插入图片的单元格，单击"编辑"→"插入图片"（或右键鼠标选择"插入图片"）→"截取屏幕"，在电脑右下角出现如图 7-60 所示提示。

同时按下"Ctrl+Alt+D"三个键后出现如图 7-61 所示界面。

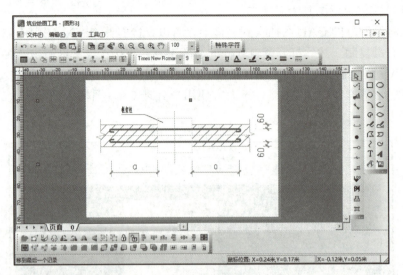

图 7-58 调整图片

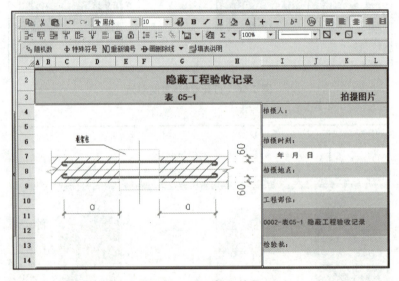

图 7-59 CAD 插入效果

图 7-60 截屏提示

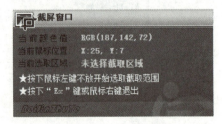

图 7-61 截屏窗口

双击捕捉到的图片就可以将图片插入到该单元格中。

5）插入背景图片

在表格中任意选中单元格，单击"格式"→"插入图片"（或右键鼠标选择"插入图片"）→"插入背景"，弹出插入图片窗口，如图 7-62 所示。

图 7-62　插入图片窗口

选择要作为背景的图片后，设置"放置形式"和"设置范围"，点"确定"就可以把所选的图片作为表格的背景（一般此功能用于添加水印背景图）。

6）清除图片/背景/表格无效图片

选择已经插入图片的单元格，右击选择"插入图片"下的"删除图片""删除背景""消除表格无效图片"，即可清除该单元格中的图片、背景或无效图片（图 7-63）。

10. 其他操作

展开/收起表格目录：

本软件中表格模板资料、工程资料都是以目录树结构组织的，如果要展开或折叠标准资料或工程资料，只需用鼠标双击该章节或单击章节前面显示的"＋/－"符号即可，另外，软件提供了" "工具。

隐藏/显示资料模板区和范例区：

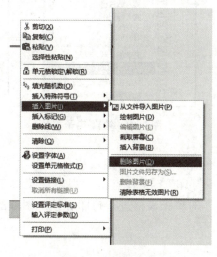

图 7-63　删除图片

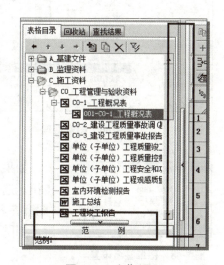

图 7-64　隐藏/显示

在填写资料表格时,可以将资料表格模板区域和范例区域隐藏,以便表格编辑区获得较大的屏幕显示;并可随时根据需要用鼠标直接拖动中间按钮来调节隐藏/显示的范围(图 7-64)。

直接用鼠标单击模板区与填表区或模板区与范例区中的"隐藏/显示"按钮即可;也可以用鼠标直接拖动相应的"隐藏/显示"按钮来调节隐藏或显示的范围。

在填写资料表格时,自动显示所选表格的填表说明,以便客户进行查看,工具栏上带有一个"填表说明"的按钮,方便客户"隐藏/显示"填写说明内容。如图 7-65 所示。

图 7-65　填表说明

7.3.6　盖章和电子签名

首先对图章和签名进行设置管理,也就是将图章和电子签名的电子文件加到软件里。点击"系统维护"菜单下的设置进行添加设置。注意:电子签名必须设置密码,添加完后通过"系统维护"菜单下的"签章设置"窗口把图章或电子签名加到表格中,点击"编辑"菜单下的"盖章"或"电子签名",如图 7-66 和图 7-67 所示。

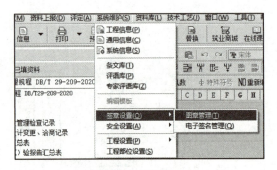

图 7-66　图章管理

图 7-67　编辑-电子签名

图 7-68　图章签名设置

如果有些表格不需要盖章,新建表格后点击"图章"按钮,选择"全部不打印"。或者点击"视图"菜单下面"图章签名设置窗口"对单张表格进行打印和锁定图章的设置。如图 7-68 所示。

7.4 电子组卷

7.4.1 资料组卷归档

1. 单位组卷归档

在工程资料表格填写完成后,点击"资料上报"→"电子组卷",弹出当前工程的技术资料电子组卷窗口,如图 7-69 所示。

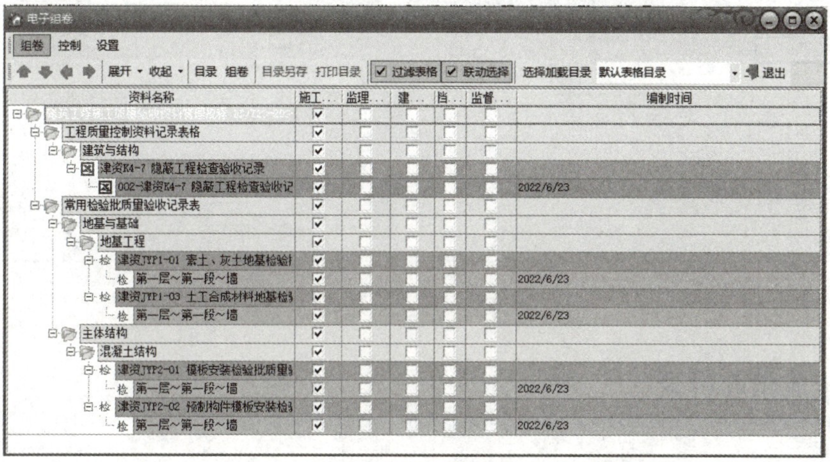

图 7-69 电子组卷

找到表格在当前工程与组卷设置区域单位的对应关系,在所选表格对应的单位组卷类别上画"☑",便可手动填入所属的单位卷中。点击"开始组卷"按钮,弹出如图 7-70 所示窗口。

图 7-70 组卷设置

选择所要的组卷单位后，点击"确定"自动在系统桌面上生成以单位工程名称命名的文件夹，在文件夹中直接用组卷浏览器查看。

说明：对于软件自动组卷的表格，如果要根据实际需要调整该表格在卷目录中的位置，也可以使用上述操作。

2. 浏览组卷资料

组卷（归档）完成后，进入文件夹里双击左键打开"组卷浏览器"，默认是以该组卷单位的表格浏览，也可在"文件"菜单选择"打开文件"即可浏览组卷的资料（图 7-71），可以进行单页打印或整个组卷资料打印。有了此功能，可以把组卷的资料随时随地移动到任何电脑上浏览及打印（注：必须拷贝整个文件夹）。

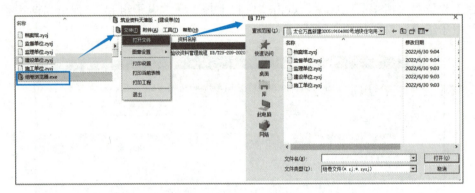

图 7-71　浏览组卷资料

7.4.2　生成组卷目录

在"电子组卷"窗口中点击"组卷"菜单下的"目录"，弹出如图 7-72 所示窗口。

图 7-72　目录设置

设置完成后点击"确定"出现组卷目录窗口,点击"目录另存"按钮,输入保存文件名及保存路径,将组卷目录以 Excel 文件保存,如图 7-73 所示。

图 7-73　保存文件

7.5　打印表格

7.5.1　单张打印表格

打印单张表格方法如下:

(1)选择要打印的表格,直接点击工具栏上的"打印"按钮即可打印,如图 7-74 所示。

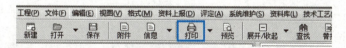

图 7-74　工具栏-打印

(2)点击工具栏上"预览"按钮,在预览界面中设置页面格式后打印,如图 7-75 和图 7-76 所示。

图 7-75　工具栏-预览

(3)点击工具栏"打印"按钮右侧的下拉三角,选择"打印表格"在弹出的"打印设置"窗口中进行设置（图 7-77）。

图 7-76 页面设置

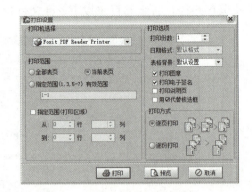
图 7-77 打印设置

（4）表格套打即只打印表格内填写内容，模板内容不打印。表格套打设置如图 7-78 所示。

图 7-78 表格套打设置

7.5.2 批量打印

批量打印表格操作步骤如下：

在"工程"菜单→"自定义打印工程"，在弹出"自定义打印"窗口中可以设置打印份数、是否套打、是否打印签章等，如图 7-79 所示。

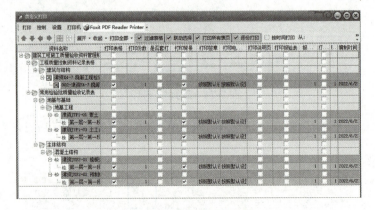
图 7-79 自定义打印设置

打印全部：将所做的表格全部打印。
按时间打印：可以选择一个时间段进行打印。

选择单位打印：根据实际情况，选择所需单位的表格打印。

7.5.3 页面设置

在"页面设置"对话框中，对打印操作各个细节的控制功能十分强大，可以设置打印的选项，如打印内容、打印机、页眉/页脚、页边距、表首/表尾、表页选项等，根据实际需要进行设置，如图 7-80 所示。

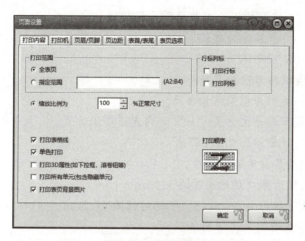

图 7-80　页面设置

注：本软件中所有表格的页边距都是按照档案的备案要求来进行设置的，请慎重修改。

工作任务

依据现行工程资料管理标准及《建筑工程资料管理规程》JGJ/T 185—2009、《建设工程文件归档规范（2019 年版）》GB/T 50328—2014、《建设电子文件与电子档案管理规范》CJJ/T 117—2017、《天津市建筑工程施工质量验收资料管理规程》DB/T 29—209—2020，结合本教材工程案例背景提供的信息，熟练使用筑业资料软件模拟施工单位资料内容。

7.1
《建设电子文件与电子档案管理规范》（CJJ/T 117—2017）

思考与练习

判断题

1. 使用软件时，开始都很正常，突然软件能编辑但不能保存应该看软件锁是否插好。（　）

2. 打印表格时发现表头没有打印出来，或者下部签字栏处没有打印出来，应该进行"页面设置"的"页边距"调整。（　）

工程案例

×××办公楼

建筑施工图纸

工程概况：
1. 本工程为×××办公楼，基础为有梁式满堂基础。
2. 本建筑物建设地点位于北京市××区。
3. 本建筑物用地概貌属于平缓场地。
4. 本建筑物为二类多层办公建筑。
5. 本建筑物设计使用年限为50年。
6. 本建筑物抗震设防烈度为8度。
7. 本建筑物结构类型为框架结构体系。
8. 本建筑物建筑布局为主体呈"一"形内走道布局方式。
9. 本建筑物总建筑面积为2398.65m^2。
10. 本建筑物建筑层数为地上3层。
11. 本建筑物高度为檐口距地高度为11.4m。
12. 本建筑物设计标高±0.000相当于绝对标高41.50m。

请扫描二维码，查看建筑施工图纸。

实训任务

施工资料

工程开工报告

编号：

致＿＿＿＿＿＿＿＿＿＿（监理单位）：

由我方承包的＿＿＿＿＿＿＿＿＿＿工程，已完成了以下各项施工准备工作，具备了开工条件：

1. 施工单位现场质量管理体系、技术管理体系和质量保证体系已获得项目监理部确认；

2. 设计文件存在的相关问题已经得到解决；

3. 施工组织设计（方案）已获得总监理工程师审查确认；

4. 有关分包单位的资格已获得总监理工程师审查确认；

5. 施工现场管理人员已到位，施工机具、人员已进场，主要工程材料已落实；

6. 现进施工环境及条件可以满足开工要求；

7. 测量放线控制成果及保护措施已经项目监理部验收合格。

请审查

施工项目部（盖章）

项目经理（签字）＿＿＿＿＿＿ 日期＿＿＿＿＿＿

技术交底记录

工程名称			
交底单位			☐施组总设计交底 ☐单位工程施组交底
交底部位			☐施工方案交底 ☐专项施工方案交底 ☐施工作业交底
接受交底范围			☐其他
交底内容：			
交底人		审核人	交底时间　　年　月　日
接收交底人员			

注：由施工单位填写，内容可续页。

实训任务

施工日志

工程名称：　　　　　　　　　　　施工单位：

	天气状况	风力	最高/最低温度	备注
白天				
夜间				

生产情况记录（施工部位、施工内容、机械作业、班组工作，生产存在问题等）：

技术质量工作记录（技术质量活动、问题、检查、评定验收等）：

记录人	×××	日期	××××年×月×日

施工现场质量管理检查记录

开工日期： 年 月 日

工程名称			施工许可证号	
建设单位			项目负责人	
设计单位			项目负责人	
监理单位			总监理工程师	
施工单位		项目负责人		项目技术负责人

序号	项目	主要内容
1	项目部质量管理体系	
2	现场质量责任制	
3	主要专业工种操作岗位证书	
4	分包单位管理制度	
5	图纸会审记录	
6	地质勘察资料	
7	施工技术标准	
8	施工组织设计、施工方案编制及审批	
9	物资采购管理制度	
10	施工设施和机械设备管理制度	
11	计量设备配备及计量检定证书	
12	检测试验管理制度	
13	工程质量检查验收制度	
14	其他	

自检结果：	检查结论：
施工单位项目负责人： 年 月 日	总监理工程师： 年 月 日

工程质量事故及处理报告表

填报单位（盖章）

工程名称		建设地点	
建设单位		结构类型	
设计单位		建筑面积	
施工单位		事故部位	
监理单位		事故名称	
事故发生时间		报告时间	
现场事故证据资料：			
事故发生后要采取的措施：			
事故发生原因的初步判断			
设计错误	交底不清或错误	违章施工	其他

（通用）

注：1. 监理、施工单位通用；
  2. 按质量施工等级划分和报告制度执行。

图纸会审、设计变更、洽商记录

工程名称			设计单位	
结构类型/建筑面积			施工单位	
专业名称			日期	

序号	图号	图纸问题	答复意见(设计变更、洽商记录)

签字栏	建设单位	设计单位	施工单位	监理单位

工程定位测量记录

工程名称		施工单位	
仪器型号		测量日期	年 月 日
使用仪器名称		仪器校验	
依据			
定位测量示意图			
复测结果			

施测人：	复测人：	施工单位专业工长：	专业监理工程师：
年 月 日	年 月 日	年 月 日	年 月 日

原材料（构配件）进场验收记录

工程名称			施工单位		
分包单位			进场日期	使用部位	
序号	类别名称（品种、规格、型号、等级）	生产厂家	证件编号	进场数量	备注
外观检查					
检查验收结论					

验收日期：　年　月　日

分包单位材料负责人：	施工单位材料负责人：	专业监理工程师：	建设单位项目专业负责人：
年　月　日	年　月　日	年　月　日	年　月　日

记录人：×××　　　　　　　　　　　　　　　　　　　日期：　年　月　日

_____材料汇总表

工程名称：　　　　　　　　　　　　　　　　　　　　　　　　施工单位：

序号	类别名称（品种、规格、型号、等级）	使用部位	进场时间	进场批量	生产厂家/合格证、质量证明文件编号	复验报告编号	备注

记录人：_____　　　　　　　　　　　　　　　　　　　日期：　年　月　日

钢筋隐蔽工程检查验收记录

工程名称			施工单位		
隐蔽部位		图号		隐检日期	

隐检内容		
	纵向受力钢筋的强度等级、规格、数量、位置	
	钢筋的连接方式、接头位置、接头质量、接头面积百分率、搭接长度、锚固方式及锚固长度	
	箍筋、横向钢筋的牌号、规格、数量、间距、位置,箍筋弯钩的弯折角度及平直段长度	
	预埋件的规格、数量和位置	/

钢材试验、连接试验报告编号								
名称	8	12	14	16	18	20	22	25
出厂编号								
复试编号								
连接试验编号								

检查结果	检查意见:
	复查结论:
	复查人/日期:

施工单位专业工长: 施工单位专业质量员: 年 月 日	专业监理工程师: 年 月 日

预应力钢筋隐蔽工程检查验收记录

工程名称		施工单位	
隐蔽项目部位		隐蔽日期	

隐检内容	预应力筋的品种、规格、级别、数量和位置	
	成孔管道的规格、数量、位置、形状、连接以及灌浆孔、排气兼泌水孔	
	局部加强钢筋的强度等级、规格、数量和位置	
	预应力筋锚具和连接器及锚垫板的品种、规格、数量和位置	

预应力筋试验、锚具连接器试验报告编号								
名称								
生产厂家								
出厂合格证编号								
复试编号								

检查结果	检查意见:
	复查结论: 复查人/日期:

施工单位专业工长:

施工单位专业质量员:

　　　　　　　　　　　　　　年 月 日　　　　　　　　　　　　　　专业监理工程师:

　　　　　　　　　　　　　　　　　　　　　　　　　　　　　　　　年 月 日

现场混凝土施工、养护检查记录

工程名称			施工单位			
设计混凝土等级			施工混凝土等级			
浇筑部位			浇筑日期			
平均气温			养护方法			
浇筑工程量			要求坍落度			
商品混凝土供应单位			商品混凝土质量证书编号			
配合比	水泥(kg)	细骨料(kg)	粗骨料(kg)	掺合料(kg)	外加剂(kg)	水(kg)
每立方米（每盘）用量						
混凝土试块留置组数			取样人		见证人	
坍落度抽查情况						
混凝土施工情况						
楼板厚度控制方法						

养护日期	检查情况	养护日期	检查情况

项目专业技术负责人：	专业工长：	专业质量员：
年 月 日	年 月 日	年 月 日

施工记录

工程名称			
施工单位名称		施工部位	
施工内容		施工日期	

项目专业技术负责人： 年 月 日	专业工长： 年 月 日	专业质量员： 年 月 日

单位工程质量竣工验收记录

工程名称		结构类型		层数/建筑面积	
施工单位		技术负责人		开工日期	
项目负责人		项目技术负责人		完工日期	

序号	项目	验收记录	验收结论
1	分部工程验收	共　　分部,经查符合设计及标准规定　　分部	
2	质量控制资料核查	共　　项,经核查符合规定　　项	
3	安全和使用功能核查及抽查结果	共核查　　项,符合规定　　项,共抽查　　项,符合规定　　项,经返工处理符合规定　　项	
4	观感质量验收	共抽查　　项,达到"好"和"一般"的　　项,经返修处理符合要求的　　项	
5	综合验收结论		

参加验收单位	建设单位	监理单位	施工单位	设计单位	勘察单位
	（公章） 项目负责人： 　年　月　日	（公章） 总监理工程师： 　年　月　日	（公章） 项目负责人： 　年　月　日	（公章） 项目负责人： 　年　月　日	（公章） 项目负责人： 　年　月　日

注：单位工程验收时,验收签字人员应由相应单位的法人代表书面授权。

单位工程质量控制资料核查记录

工程名称				施工单位			
序号	项目	资料名称	份数	施工单位		监理单位	
				核查意见	核查人	核查意见	核查人
1	建筑与结构	图纸会审、设计变更、洽商记录					
2		施工测量资料					
3		原材料、构配件等出厂合格证书及进场检(试)验报告					
4		施工检(试)验报告及检测报告					
5		隐蔽工程验收记录					
6		施工记录					
7		地基、基础、主体结构检验及抽样检测资料					
8		分项、分部(子分部)工程质量验收记录					
9		工程质量事故调查处理资料					
10		新技术论证、备案及施工记录					
1	给水排水与供暖	图纸会审、设计变更、洽商记录					
2		原材料、设备出厂合格证书及进场检(试)验报告					
3		管道、设备强度试验、严密性试验记录					
4		隐蔽工程验收记录					
5		系统灌水、冲洗、消毒试验记录					
6		设备安装及单机试运转记录					
7		施工记录					
8		分项、分部(子分部)工程质量验收记录					
9		新技术论证、备案及施工记录					
1	通风与空调	图纸会审、设计变更、洽商记录					
2		原材料、设备出厂合格证书及进场检(试)验报告					
3		制冷、空调管道、设备强度及严密性试验记录					
4		空调水设备、管道充水、通水、冲(吹污)试验记录					
5		隐蔽工程验收记录					
6		通风、空调系统的单机试运转及调试					
7		制冷设备运行调试记录					
8		施工记录					
9		分项、分部(子分部)工程质量验收记录					
10		新技术论证、备案及施工记录					

续表

工程名称				施工单位			
序号	项目	资料名称	份数	施工单位		监理单位	
				核查意见	核查人	核查意见	核查人
1	建筑电气	图纸会审、设计变更、洽商记录					
2		原材料、设备等出厂合格证书及进场检(试)验报告					
3		电气设备试运行记录					
4		隐蔽工程验收记录					
5		接闪带支架拉力测试记录					
6		施工记录					
7		分项、分部(子分部)工程质量验收记录					
8		新技术论证、备案及施工记录					
1	智能建筑	图纸会审、设计变更、洽商记录					
2		原材料、设备等出厂合格证书及进场检(试)验报告					
3		隐蔽工程验收记录					
4		电缆、光纤、设备、系统调(测)试记录					
5		系统技术、操作和维护手册					
6		系统管理、操作人员培训记录					
7		施工记录					
8		分项、分部(子分部)工程质量验收记录					
9		新技术论证、备案及施工记录					
1	建筑节能	图纸会审、设计变更、洽商记录					
2		原材料、设备等出厂质量证明文件及进场检(试)验报告					
3		隐蔽工程验收记录					
4		施工记录					
5		外墙、外窗节能检验报告					
6		设备系统节能检查记录					
7		分项、分部(子分部)工程质量验收记录					
8		新技术论证、备案及施工记录					
1	电梯	图纸会审、设计变更、洽商记录					
2		设备出厂合格证书及开箱检验记录					
3		隐蔽工程验收记录					
4		电梯施工记录					
5		电梯接地电阻、绝缘电阻测试记录					
6		分项、分部(子分部)工程质量验收记录					
7		新技术论证、备案及施工记录					

结论：
施工单位项目负责人：　　　　　　　　总监理工程师：
　　　　　　年　月　日　　　　　　　(建设单位项目负责人)　　　　　　年　月　日

单位工程安全和功能检验资料核查及主要功能抽查记录

工程名称			施工单位				
序号	项目	安全和功能检查项目	份数	核查意见	抽查结果	核查(抽查)人	
1	建筑与结构	地基承载力检验报告					
2		桩基承载力检验报告					
3		混凝土强度试验报告					
4		砂浆强度试验报告					
5		主体结构尺寸、位置抽查记录					
6		建筑物垂直度、标高、全高测量记录					
7		屋面淋水或蓄水试验记录					
8		地下工程渗漏水检测记录					
9		有防水要求的地面蓄水试验记录					
10		抽气(风)道检查记录					
11		外窗气密性、水密性、耐风压检测报告					
12		幕墙气密性、水密性、耐风压检测报告					
13		建筑物沉降观测测量记录					
14		室内环境检测报告					
15		土壤氡气浓度检测报告					
1	给水排水与供暖	管道通水、通球试验记录					
2		供暖管道、散热器压力试验记录					
3		系统试运行调试记录					
4		消防管道压力试验记录					
5		消火栓系统试射记录					
6		消火栓及自动喷淋系统联锁试验记录					
7		地漏排水试验					
8		设备、器具满(充)水试验记录					

续表

工程名称			施工单位			
序号	项目	安全和功能检查项目	份数	核查意见	抽查结果	核查(抽查)人
1	通风与空调	通风、空调系统调试记录				
2		通风、空调系统联合试运转记录				
3		净化空调系统的调整测试记录				
4		风量、温度、湿度、噪声测试记录				
5		洁净室洁净度测试记录				
6		空气能量回收装置测试记录				
1	建筑电气	建筑照明通电试运行记录				
2		灯具固定装置及悬吊装置的载荷强度试验记录				
3		线路、开关、插座接地、接线检查记录				
4		电气设备、系统调试记录				
5		电气设备交接试验记录				
6		接地电阻测试记录				
7		绝缘电阻测试记录				
1	智能建筑	系统试运行记录				
2		系统功能检测记录				
1	建筑节能	节能、保温测试记录				
2		外墙节能构造、外窗气密性现场实体检验报告,热工性能检验报告				
3		设备系统节能性能检测报告				
1	电梯	负荷试验、安全装置检查记录				
2		安全装置检测报告				

结论:

施工单位项目负责人:　　　　　　　　　总监理工程师:
　　　　年　月　日　　　　　　(建设单位项目负责人)　　　　年　月　日

注:抽查项目由验收组协商确定。

单位工程观感质量检查记录

工程名称			施工单位		
序号		项目	抽查质量状况		质量评价
1	建筑与结构	主体结构外观	共检查　点,好　点,一般　点,差　点		
2		室外墙面	共检查　点,好　点,一般　点,差　点		
3		变形缝、雨水管	共检查　点,好　点,一般　点,差　点		
4		屋面	共检查　点,好　点,一般　点,差　点		
5		室内墙面	共检查　点,好　点,一般　点,差　点		
6		室内顶棚	共检查　点,好　点,一般　点,差　点		
7		室内地面	共检查　点,好　点,一般　点,差　点		
8		楼梯、踏步、护栏	共检查　点,好　点,一般　点,差　点		
9		门窗	共检查　点,好　点,一般　点,差　点		
10		雨罩、台阶、坡道、散水	共检查　点,好　点,一般　点,差　点		
1	给水排水与供暖	管道接口、坡度、支架	共检查　点,好　点,一般　点,差　点		
2		卫生器具、支架、阀门	共检查　点,好　点,一般　点,差　点		
3		检查口、扫除口、地漏	共检查　点,好　点,一般　点,差　点		
4		散热器、支架	共检查　点,好　点,一般　点,差　点		
1	通风与空调	风管、支架	共检查　点,好　点,一般　点,差　点		
2		风口、风阀	共检查　点,好　点,一般　点,差　点		
3		风机、空调设备	共检查　点,好　点,一般　点,差　点		
4		管道、阀门、支架	共检查　点,好　点,一般　点,差　点		
5		水泵、冷却塔	共检查　点,好　点,一般　点,差　点		
6		绝热	共检查　点,好　点,一般　点,差　点		
1	建筑电气	配电箱、盘、板、接线盒	共检查　点,好　点,一般　点,差　点		
2		设备器具、开关、插座	共检查　点,好　点,一般　点,差　点		
3		防雷、接地、防火	共检查　点,好　点,一般　点,差　点		
1	智能建筑	机房设备安装及布局	共检查　点,好　点,一般　点,差　点		
2		现场设备安装	共检查　点,好　点,一般　点,差　点		
1	电梯	运行、平层、开关门	共检查　点,好　点,一般　点,差　点		
2		层门、信号系统	共检查　点,好　点,一般　点,差　点		
3		机房	共检查　点,好　点,一般　点,差　点		
	观感质量综合评价				
检查结论		结论: 施工单位项目负责人:　　　　　　　　　总监理工程师: 　　　　　　年　月　日　　　　　　　　　　　　　　　年　月　日			

注:1. 质量评价为差的项目,应进行返修;
　　2. 观感质量现场检查原始记录应作为本表附表。

_____分部工程质量验收记录

单位(子单位)工程名称		子分部工程数量		分项工程数量	
施工单位		项目负责人		技术(质量)负责人	
分包单位		分包单位负责人		分包内容	
序号	子分部工程名称	分项工程名称	检验批数量	施工单位检查结果	监理单位验收结论
1					
2					
3					
4					
5					
6					
7					
8					
9					
10					
质量控制资料					
安全和功能检验结果					
观感质量检验结果					
综合验收结论		合格			
施工单位 项目负责人： ××× 年 月 日	勘察单位 项目负责人： ××× 年 月 日	设计单位 项目负责人： ××× 年 月 日		监理单位 总监理工程师： ××× 年 月 日	

注：1. 地基与基础分部工程的验收应由施工、勘察、设计单位项目负责人和总监理工程师参加并签字；
  2. 主体结构、节能分部工程的验收应由施工、设计单位项目负责人和总监理工程师参加并签字。

_____分项工程质量验收记录

单位(子单位) 工程名称			分部(子分部) 工程名称		
分项工程 工程数量			检验批数量		
施工单位		项目负责人		项目技术 负责人	
分包单位		分包单位项目 负责人		分包内容	
序号	检验批名称	检验批容量	部位/区段	施工单位 检查结果	监理单位 验收结论
1					
2					
3					
4					
5					
6					
7					
8					
9					
10					
11					
12					
13					
14					
15					
说明:					
施工单位 检查结果				项目专业技术负责人: 年 月 日	

_____检验批质量验收记录

单位(子单位)工程名称		分部(子分部)工程名称		分项工程名称	
施工单位		项目负责人		检验批容量	
分包单位		分包单位项目负责人		检验批部位	
施工依据			验收依据		

		验收项目	设计要求及规范规定	最小/实际抽样数量	检查记录	检查结果
主控项目	1					
	2					
	3					
	4					
	5					
	6					
	7					
	8					
	9					
	10					
一般项目	1					
	2					
	3					
	4					
	5					
	6					

施工单位检查结果	专业工长： 项目专业质量检查员： 　　　　　　　　　　　　　　　　　　年　月　日
监理单位验收结论	专业监理工程师： 　　　　　　　　　　　　　　　　　　年　月　日

防水工程试水检查记录

工程名称			试水部位	
施工单位			检查时间	
□蓄水　□淋水　□雨期		试水时间	年　月　日　时至　年　月　日　时	
检查方法及内容				
检查结果				

施工单位 项目专业技术负责人： 年　月　日	施工单位 项目专业工长： 年　月　日	施工单位质量员： 年　月　日	专业监理工程师： 年　月　日

地下工程渗漏水检测记录

工程名称			施工单位	
防水等级			结构类型	
检测部位			检测日期	年 月 日
渗漏水量检测	1. 单个湿渍的最大面积　　　m^2；总湿渍面积　　　m^2			
	2. 每$100m^2$的渗水量　　　$L/(m^2 \cdot d)$；整个工程平均渗水量　　　$L/(m^2 \cdot d)$			
	3. 单个漏水点的最大漏水量　　　L/d；整个工程平均漏水量　　　$L/(m^2 \cdot d)$			
结构内表面的渗漏水展开图	（渗漏水现象用标识符号描述）			
处理意见与结论	（按地下工程防水等级标准）			
施工单位 项目专业技术负责人： 年　月　日	施工单位 项目专业工长： 年　月　日		施工单位质量员： 年　月　日	专业监理工程师： 年　月　日

实训任务

建筑物垂直度、全高测量记录

工程名称				设计全高		（m）	
施工单位							
垂直度测量记录								
观测部位	测量日期	轴线编号： 实测偏差(mm)		轴线编号： 实测偏差(mm)		轴线编号： 实测偏差(mm)		轴线编号： 实测偏差(mm)
竣工全高垂直度								
全高测量记录								
轴线编号								
主体结构全高测量值(m)								
竣工全高测量值(m)								

结论	日期： 年 月 日
测量轴线平面简图	注：标明指北针及偏差方向

项目专业技术负责人：	施测人：	复测人：	专业监理工程师：
年 月 日	年 月 日	年 月 日	年 月 日

抽气（风）道检查记录

工程名称							
施工单位				检查日期		年 月 日	
检查部位和检查结果							
检查部位	抽气道	风道	检查部位	抽气道	风道	检查人员	复查人员
检查结果							

施工单位 项目专业技术负责人： 年 月 日	施工单位 项目专业工长： 年 月 日	施工单位质量员： 年 月 日	专业监理工程师： 年 月 日

注：1. 抽气道、风道检查部位，按轴线或按户门编号记录；
    2. 检查合格为(√)，不合格(×)。

    注：此表只限于土建工程使用。

监理资料

会议纪要

工程名称：　　　　　　　　　　　　　　　　　　　　编号：

会议日期：	年 月 日	会议地点：	主持人：
主要议题：			

与会单位	参加人	纪要签收人
建设单位		
监理单位		
承包单位		

纪要：(可另加附页)

　　　　　　　　　　　　　　　　　　(本纪要由_____单位起草,发出日期___年___月___日)

注：本纪要与会单位各执一份。

监理日志

工程名称：　　　　　　　　　　　　　　　　　　　　编号：

日期	年　月　日　星期		
天气	气温：　℃～　℃	风力：　级	云量和降水：
质量控制			
进度控制			
其他记事			
填写人：		审阅人：	年　月　日

旁站记录

工程名称： 编号：

旁站的部位或工序：
旁站开始时间： 年 月 日 时 分
旁站结束时间： 年 月 日 时 分
施工情况：
发现问题及处理情况：
承包项目部质检员(签字)　　　　　　　　　　项目监理机构旁站人员(签字)   　　　　　　　　　　　　　年 月 日　　　　　　　　　　　　　　　　　年 月 日

注：本表一式一份，项目监理机构留存。

工程质量评估报告

工程名称：　　　　　　　　　　　　　　　　　　　　　　　　　　编号：

工程名称			结构类型	
			工程等级	
工程地点			建筑类型	
			建筑面积		层数	
工程开工时间		年 月 日	工程竣工预验收时间	年 月 日
工程规划许可证号			工程施工许可证号	
监督部门			监督注册编号	
	单位名称（全称）			资质等级
建设单位				
勘察单位				
设计单位				
监理单位				
施工单位				

	姓名	职务	专业	证件编号	备注
工程项目监理人员					

实施监理起止时间	
工程质量控制资料检查意见	
施工单位项目质量体系审查情况	
工程使用的主要原材料、构配件、设备质量控制及认定情况	
工程各检验批、分项、分部(子分部)、单位(子单位)工程施工质量检查验收情况	
施工过程中出现的质量问题的整改落实情况	
结构及使用功能关键部位是否符合设计要求	
住宅工程分户验收情况	
其他	

专业监理工程师对工程质量评估情况	土建、结构		签字	
	给水排水		签字	
	电气		签字	
	智能		签字	
	通风与空调		签字	
	电梯		签字	

工程质量评估意见及结论：

总监理工程师签字：　　　年 月 日

监理报告

工程名称：_____ 编号：_____

致：_____（主管部门）

  由_____（施工单位）施工的_____（工程部位），存在安全事故隐患。我方已于_____年___月___日发出编号为_____的《监理通知单》/《工程暂停令》，但施工单位未整改/停工。

  特此报告。

  附件：□监理通知单
     □工程暂停令
     □其他

            项目监理机构（盖章）
            总监理工程师（签字）

               年 月 日

签收	主管部门： 日期：	承包项目部： 日期：
	建设单位： 日期：	监理单位： 日期：

注：本表一式五份，项目监理机构、主管部门各一份；抄送建设单位、工程监理单位、承包项目部各一份。

监理工作联系单

工程名称：　　　　　　　　　　　　　　　　　　　编号：

致：_____： 　　_____： 事由： 　　　　　　　　　　　　　　　　发文单位(盖章) 　　　　　　　　　　　　　　　　负责人(签字) 　　　　　　　　　　　　　　　　　　　　年　月　日	
签收	

注：本表发文、收文单位各执一份。

监理通知单

工程名称：　　　　　　　　　　　　　　　　　　　编号：

致：_____(承包项目部)： 通知事由： 通知内容： 　　　　　　　　　　　　　　　　项目监理机构(盖章) 　　　　　　　　　　　　　　　　总监理工程师(签字) 　　　　　　　　　　　　　　　　　　　　年　月　日	
签收	承包项目部： 日期：

注：1. 承包项目部应填写《监理通知回复单》向项目监理机构回复；
　　2. 本表一式两份，项目监理机构、承包项目部各一份。必要时抄送建设单位一份。

监理通知回复单

工程名称：　　　　　　　　　　　　　　　　　　　　编号：

致：＿＿＿＿＿＿＿＿＿＿＿＿＿＿＿＿（项目监理机构）：
　　我方接到编号为＿＿＿＿＿＿号的监理通知单后，已完成了监理通知单中所列各项工作，特予回复，请审查。
说明：

　　　　　　　　　　　　　　　　　　　　　　　　承包项目部（盖章）
　　　　　　　　　　　　　　　　　　　　　　　　项目负责人（签字）

　　　　　　　　　　　　　　　　　　　　　　　　　　　　　年　月　日

审查意见：

　　　　　　　　　　　　　　　　　　　　　　　　项目监理机构（盖章）
　　　　　　　　　　　　　　　　　　　　　　　　总/专业监理工程师（签字）

　　　　　　　　　　　　　　　　　　　　　　　　　　　　　年　月　日

签收	项目监理机构： 日期：	承包项目部： 日期：

注：本表一式两份，项目监理机构、承包项目部各一份，必要时抄送建设单位一份。

总监理工程师任命书

工程名称：_____　　　　　　　编号：_____

致：_____（建设单位）
　　_____（承包项目部）

　　兹任命_____为本工程总监理工程师。
　　总监理工程师负责履行建设工程监理合同、主持项目监理机构工作，执行国家及天津市的相关法律法规和工程建设标准，并承担相应责任。
　　特此通知。

　　　　　　　　　　　　　　　　　　　　　　监理单位(盖章)
　　　　　　　　　　　　　　　　　　　　　　法定代表人(签字)

　　　　　　　　　　　　　　　　　　　　　　　　　　　年　月　日

签收	建设单位： 日期：	承包项目部： 日期：

注：本表一式三份，项目监理机构、建设单位、承包项目部各一份。

见证单位及见证人授权书

工程名称：_____　　　　　　　编号：_____

致：_____质量监督站
　　_____实验室(检测中心)

　　现委托_____为我单位承建_____工程的见证单位，负责该工程的见证取样送样工作。
　　具体见证人如下：
　　姓名_____（签字）_____见证人编号：(印章)_____
　　姓名_____（签字）_____见证人编号：(印章)_____
　　姓名_____（签字）_____见证人编号：(印章)_____
　　见证单位地址：
　　联系电话：
　　法人代表姓名：

　　　　　　　　　　　　　　　　　　　　　　监理(建设)单位(章)：

　　　　　　　　　　　　　　　　　　　　　　　　　　　年　月　日

工程开工报审表

工程名称：　　　　　　　　　　　　　　　　　　　　编号：

致：_____(项目监理机构)
　　由我方承包的_____单位工程,已完成下列施工准备工作,报请开工,请审核。
　　□设计交底和图纸审核已完成；
　　□施工组织设计或施工方案已经总监理工程师签认；
　　□分包单位资格审查已获得同意；
　　□施工测量基础性成果核查已获得通过；
　　□承包项目部现场质量、技术、安全生产管理体系已建立,管理及作业人员已到位,施工机械具备使用条件。主要工程材料已落实。
　　□现场道路及水、电、通信等条件已满足开工要求。

承包项目部(盖章)
项目负责人(签字)

年　月　日

总监理工程师审核意见：
□报审表格填写不符合要求,现予退回。请重新填表报审。
□你方负责的施工准备工作尚未全部完成,请按审核附件要求完善后再行填表报审。
□已具备开工条件,拟同意开工,请建设单位签署意见。
□审核附件：_____号监理通知单。

项目监理机构(盖章)
总监理工程师(签字、加盖执业印章)

年　月　日

建设单位意见：

建设单位(盖章)
建设单位代表(签字)

年　月　日

签收	项目监理机构： 日期：	建设单位： 日期：	承包项目部： 日期：

注：本表一式三份。项目监理机构、建设单位、承包项目部各一份。

工程复工报审表

工程名称：_____　　　　　　　　　　　编号：_____

致：_____(项目监理机构) 　　按照监理签发的编号为_____的《工程暂停令》，要求我方暂停施工_____部位/工序，现已具备复工条件，现报请复工，请审核。 　　报审附件：具备复工条件的材料   　　　　　　　　　　　　　　　　　　　　　承包项目部(盖章) 　　　　　　　　　　　　　　　　　　　　　项目负责人(签字) 　　　　　　　　　　　　　　　　　　　　　　　　　　　年　月　日
总监理工程师审核意见： □报审表格填写不符合要求，现予退回。请重新填表报审。 □复工条件表述不清，现予退回。重新完善后再行填表报审 □施工暂停原因尚未完全消失、暂不具备复工条件，请按审核附件要求处置，待完全具备复工条件后再行填表报审。 □已具备复工条件，拟同意复工，请建设单位签署意见。 □审核附件：_____号监理通知单。   　　　　　　　　　　　　　　　　　　　　　项目监理机构(盖章) 　　　　　　　　　　　　　　　　　　　　　总监理工程师(签字、加盖执业印章) 　　　　　　　　　　　　　　　　　　　　　　　　　　　年　月　日
建设单位意见：   　　　　　　　　　　　　　　　　　　　　　建设单位(盖章) 　　　　　　　　　　　　　　　　　　　　　建设单位代表(签字) 　　　　　　　　　　　　　　　　　　　　　　　　　　　年　月　日

签收	项目监理机构： 日期：	建设单位： 日期：	承包项目部： 日期：

注：本表一式三份。项目监理机构、建设单位、承包项目部各一份。

工程开工令

工程名称：　　　　　　　　　　　　　　　　　　　　　编号：

致：_____（承包项目部）
　　贵方在编号为_____《工程开工报审表》中提出的_____单位工程开工报审，经审查已具备开工条件，准予开工。
　　开工日期为___年___月___日。
　　附件：《工程开工报审表》

项目监理机构(盖章)
总监理工程师(签字、加盖执业印章)

年　月　日

签收	承包项目部： 日期：	抄送建设单位： 日期：

注：本表一式三份。项目监理机构、建设单位、承包项目部各一份。

工程暂停令

工程名称：_____　　　　　　　　编号：_____

致：_____（承包项目部）

本工程_____部位/工序由于下述原因，决定从___年___月___日___时起暂停施工。

工程暂停原因：
☐ 建设单位要求暂停施工。
☐ 承包项目部未经批准擅自施工。
☐ 承包项目部拒绝执行项目监理机构下达的监理指令。
☐ 承包项目部未按审查通过的工程设计文件施工。
☐ 承包项目部违反工程建设强制性标准。
☐ 施工存在重大质量事故隐患。
☐ 施工存在重大安全事故隐患。
☐ 施工发生质量事故。
☐ 施工发生安全事故。

承包项目部应做好以下后续工作：

　　　　　　　　　　　　　　　　　　　项目监理机构(盖章)
　　　　　　　　　　　　　　　　　　　总监理工程师(签字、加盖执业印章)

　　　　　　　　　　　　　　　　　　　　　　　　　年　月　日

签收	承包项目部： 日期：	抄送建设单位： 日期：

注：本表一式三份。项目监理机构、建设单位、承包项目部各一份。

工程复工令

工程名称：_____　　　　　　　　　编号：_____

致：_____（承包项目部）

贵方在编号为_____《工程复工报审表》中提出的工程复工报审，经审核已具备复工条件，准予复工。

复工时间为____年____月____日____时。

附件：《工程复工报审表》

项目监理机构（盖章）

总监理工程师（签字、加盖执业印章）

年　月　日

签收	承包项目部： 日期：	抄送建设单位： 日期：

注：本表一式三份。项目监理机构、建设单位、承包项目部各一份。

工程进度计划报审表

工程名称：＿＿＿＿＿＿＿＿＿＿＿＿＿＿＿　　　　　　　　　编号：＿＿＿＿＿＿＿＿

致：＿＿＿＿＿＿＿＿＿＿＿＿＿＿＿＿＿＿（项目监理机构）：
　　本工程＿＿＿＿＿＿＿＿＿＿＿＿＿＿＿进度计划已编制完成，请审核。
　　报审附件：＿＿＿＿＿＿＿＿＿＿＿＿＿＿＿＿工程进度计划。

　　　　　　　　　　　　　　　　　　　　　　　　承包项目部（盖章）
　　　　　　　　　　　　　　　　　　　　　　　　项目负责人（签字）

　　　　　　　　　　　　　　　　　　　　　　　　　　　　　年　月　日

总监理工程师审核意见：

　　□报审表格填写不符合要求，现予退回。请重新填表报审。
　　□编制的进度计划不符合要求，现予退回。请按审核附件要求完善后再行填表报审。
　　□同意报审的进度计划，请建设单位签署意见。
　　□审核附件：＿＿＿＿＿＿＿号监理通知单。

　　　　　　　　　　　　　　　　　　　　　　　　项目监理机构（盖章）
　　　　　　　　　　　　　　　　　　　　　　　　总监理工程师（签字）

　　　　　　　　　　　　　　　　　　　　　　　　　　　　　年　月　日

建设单位意见：

　　　　　　　　　　　　　　　　　　　　　　　　建设单位代表（签字）

　　　　　　　　　　　　　　　　　　　　　　　　　　　　　年　月　日

签收	项目监理机构： 日期：	建设单位： 日期：	承包项目部： 日期：

注：本表一式三份。项目监理机构、建设单位、承包项目部各一份。

施工组织设计/施工方案报审表

工程名称：　　　　　　　　　　　　　　　　　　　　　　编号：

致：＿＿＿＿＿＿＿＿＿＿＿＿＿＿＿＿(项目监理机构)： 　　我方已完成了本工程施工组织设计/＿＿＿＿＿＿＿＿＿＿＿＿＿＿＿＿施工方案的编制和审批，请审核。 　　报审附件：□施工组织设计。 　　　　　　□＿＿＿＿＿＿＿施工方案。   　　　　　　　　　　　　　　　　　　　　　　承包项目部(盖章) 　　　　　　　　　　　　　　　　　　　　　　项目负责人(签字) 　　　　　　　　　　　　　　　　　　　　　　　　　　　　年　月　日
总监理工程师审核意见： 　　□报审表格填写不符合要求，现予退回。请重新填表报审。 　　□编制的施工组织设计/施工方案不符合要求，现予退回。请按审核附件要求完善后再行填表报审。 　　□报审的施工组织设计/施工方案基本符合要求，予以确认，审查意见详见审核附件，请建设单位签署意见。 　　□审核附件：＿＿＿＿＿＿＿号监理通知单。   　　　　　　　　　　　　　　　　　　　　　　项目监理机构(盖章) 　　　　　　　　　　　　　　　　　　　　　　总监理工程师(签字、加盖执业章) 　　　　　　　　　　　　　　　　　　　　　　　　　　　　年　月　日
建设单位意见：   　　　　　　　　　　　　　　　　　　　　　　建设单位代表(签字) 　　　　　　　　　　　　　　　　　　　　　　　　　　　　年　月　日

签收	项目监理机构： 日期：	建设单位： 日期：	承包项目部： 日期：

注：本表一式三份。项目监理机构、建设单位、承包项目部各一份。

工程物资进场检验报审表

工程名称：_____　　　　　　　　　编号：_____

致：_____(项目监理机构)：
　　由我方组织进场的_____(工程物资)已经进场,经自检/复试合格。拟在_____部位使用,请审查检验。

　　报审附件：□工程物资进场验收材料(____页)
　　　　　　　□工程物资合格证明材料(____页)
　　　　　　　□复试试验报告(____页)

承包项目部(盖章)
项目负责人(签字)

年　月　日

专业监理工程师审核意见：
　　□报审表格填写不符合要求,现予退回。请重新填表报审。
　　□报审附件不符合要求,现予退回。请按审查附件要求完善后再行填表报审。
　　□因该批物资有复试试验要求,定于____月____日在监理见证下取样送验。待你方取得复试试验报告后再次填表报审。
　　□进场工程物资符合使用要求,同意在限定工程部位使用。
　　□进场工程物资由于审查附件所阐明的原因,不符合使用要求,不得在工程中使用,并限于____月____日前退场。
　　□审查附件：_____号监理通知单。

项目监理机构(盖章)
专业监理工程师(签字)

年　月　日

签收	项目监理机构： 日期：　年　月　日	承包项目部： 日期：　年　月　日

注：本表一式两份,项目监理机构、承包项目部各一份。

施工测量成果报验表

工程名称：_____　　　　　　　　　　编号：_____

致：_____(项目监理机构)：
　　我方已完成了_____施工测量，经自检合格。请审查检验。
　　测量人员_____，测量操作资格证书号_____。
　　测量设备名称及编号_____。
　　报审附件：□施工测量成果资料(____页)

　　　　　　　　　　　　　　　　　　　　　　　承包项目部(盖章)
　　　　　　　　　　　　　　　　　　　　　　　项目负责人(签字)

　　　　　　　　　　　　　　　　　　　　　　　　　　　　　年　月　日

专业监理工程师审核意见：
　　□报审表格填写不符合要求，现予退回。请重新填表报审。
　　□测量人员资格、测量设备或报审附件不符合要求，现予退回。请按审查附件要求完善后再行填表报审。
　　□测量成果不符合要求，请按审查附件要求处置。
　　□保护措施不符合要求，请按审查附件要求处置。
　　□符合要求，监理检验通过。
　　□审查附件：_____号监理通知单。

　　　　　　　　　　　　　　　　　　　　　　　项目监理机构(盖章)
　　　　　　　　　　　　　　　　　　　　　　　专业监理工程师(签字)

　　　　　　　　　　　　　　　　　　　　　　　　　　　　　年　月　日

签收	项目监理机构： 日期：　年　月　日	承包项目部： 日期：　年　月　日

注：本表一式两份，项目监理机构、承包项目部各一份。

检验批、分项工程和隐蔽工程验收报审表

工程名称：　　　　　　　　　　　　　　　　　　　　编号：

致：_____(项目监理机构)：
　　我方已完成了，_____请审查检验。
　　报审附件：

承包项目部(盖章)
项目负责人(签字)

年　月　日

专业监理工程师审查意见：

项目监理机构(盖章)
专业监理工程师(签字)

年　月　日

签收

注：根据报审具体情况确定填报份数。

分部/子分部工程验收报审表

工程名称：_____　　　　　　　　　　编号：

致：_____(项目监理机构)： 　　我方已完成了_____分部/子分部工程的施工，经自检合格。请审查验收。 　　报审附件：   　　　　　　　　　　　　　　　　　　　　　　　　　　　承包项目部(盖章) 　　　　　　　　　　　　　　　　　　　　　　　　　　　项目负责人(签字) 　　　　　　　　　　　　　　　　　　　　　　　　　　　　　　　年　月　日
总监理工程师审核意见： 　　□报审表格填写不符合要求，现予退回。请重新填表报审。 　　□报审验收的工程尚未全部完成，请在施工作业完成后再行填表报审。 　　□报审附件不符合要求，现予退回。请按审核附件要求完善后再行填表报审。 　　□工程实体不符合验收质量标准，请按审核附件要求整改后再行填表报审。 　　□工程质量符合设计和规范要求，验收合格，可进入下一道工序施工。(适用于无需阶段验收的分部工程) 　　□工程质量符合设计和规范要求，请建设单位组织联合验收。(适用于需要阶段验收的分部工程) 　　□审核附件：_____号监理通知单。   　　　　　　　　　　　　　　　　　　　　　　　　　　　项目监理机构(盖章) 　　　　　　　　　　　　　　　　　　　　　　　　　　　总监理工程师(签字) 　　　　　　　　　　　　　　　　　　　　　　　　　　　　　　　年　月　日
建设单位意见：   　　　　　　　　　　　　　　　　　　　　　　　　　　　建设单位代表(签字) 　　　　　　　　　　　　　　　　　　　　　　　　　　　　　　　年　月　日

签收	项目监理机构： 日期：	建设单位： 日期：	承包项目部： 日期：

注：1. 需要阶段验收的分部工程送建设单位签署意见时，建设单位方需签收；
　　2. 分部工程需阶段验收，本表一式三份。项目监理机构、建设单位、承包项目部各一份；
　　3. 分部工程无需阶段验收，本表一式两份。项目监理机构、承包项目部各一份。

工程竣工预验收报审表

工程名称：＿＿＿＿＿＿＿＿＿＿＿＿＿＿＿＿＿＿　　　　编号：

致：＿＿＿＿＿＿＿＿＿＿＿＿＿＿＿＿＿＿（项目监理机构）：
　　我方已按合同规定和设计要求完成了＿＿＿＿＿＿＿＿单位工程的施工，经自检合格。请予以竣工预验收。
　　报审附件：□单位(子单位)工程质量竣工验收记录(＿＿页)
　　　　　　　□工程质量控制资料(＿＿页)

承包项目部（盖章）
项目负责人（签字）

年　月　日

总监理工程师审核意见：
　　□报审表格填写不符合要求，现予退回。请重新填表报审。
　　□工程尚未全部完成，请在施工作业完成后再行填表报审。
　　□报审附件不符合要求，现予退回。请按审核附件要求完善后再行填表报审。
　　□工程实体不符合验收质量要求，请按审核附件要求整改后再行填表报审。
　　□工程总体质量基本达到验收标准，请按《工程竣工预验收整改监理通知单》，编号为＿＿＿＿＿＿进一步整改，并加强成品保护工作，待监理复查通过后，可向建设单位申请工程竣工预验收。
　　□审核附件：＿＿＿＿＿＿号监理通知单。

项目监理机构（盖章）
总监理工程师（签字、加盖执业印章）

年　月　日

建设单位意见：

建设单位代表（签字）

年　月　日

签收	项目监理机构： 日期：	建设单位： 日期：	承包项目部： 日期：

注：本表一式三份。项目监理机构、建设单位、承包项目部各一份。

工程质量问题（事故）报告单

工程名称：   编号：

致：_____（项目监理机构）： 　　___年___月___日___时___分，在_____发生_____工程质量问题（事故），报告如下： （经过、后果、原因分析、初步调查现场结果或现场报告）   　　　　　　　　　　　　　　　　　　　　　承包项目部（盖章） 　　　　　　　　　　　　　　　　　　　　　项目负责人（签字） 　　　　　　　　　　　　　　　　　　　　　　　　　　　　年　月　日
性质
造成损失
应急措施
初步处理意见   　　　　　　　　　　　　　　　　　　　　　承包项目部（盖章） 　　　　　　　　　　　　　　　　　　　　　项目负责人（签字） 　　　　　　　　　　　　　　　　　　　　　　　　　　　　年　月　日

工程质量整改通知

工程名称：   编号：

致：_____（承包项目部）： 　　经试验/检验表明_____部位，不符合_____规定，现通知你方，要求：   附：试验（检验）证明 　　　　　　　　　　　　　　　　　　　　　项目监理机构（盖章） 　　　　　　　　　　　　　　　　　　　　　总/专业监理工程师（签字） 　　　　　　　　　　　　　　　　　　　　　　　　　　　　年　月　日

工程质量事故处理方案报审表

工程名称：   编号：

致：_____（项目监理机构）（建设单位）： 　　___年___月___日___时，在_____发生_____工程质量事故，已于___年___月___日提出《工程质量事故报告单》，现上报处理方案，请予以审查。 报审附件：□工程质量事故调查报告； 　　　　　□工程质量事故处理方案。   　　　　　　　　　　　　　　　　　　　　　　　　承包项目部（盖章） 　　　　　　　　　　　　　　　　　　　　　　　　项目负责人（签字） 　　　　　　　　　　　　　　　　　　　　　　　　　　　　　　年 月 日
设计单位意见：　　　　　　　　　　　｜　总监理工程师（建设单位项目负责人）批复意见： 　　　　　　　　　　　　　　　　　｜ 　　　　　　　　　　　　　　　　　｜　项目监理机构（建设单位）（盖章） 　　　　　　　　　　　　　　　　　｜　总监理工程师（签字） 　　　　设计单位（盖章）　　　　　　｜　　　　　　　　　　　　　　　　年 月 日 　　　　设计人（签字）　　　　　　　｜　（建设单位项目负责人）（签字） 　　　　　　　　　　年 月 日　　　　｜　　　　　　　　　　　　　　　　年 月 日

见证取样记录表

工程名称：   编号：

样品名称		取样地点	
取样部位			
取样数量		取样日期	
见证记录： 取样人签字、印章： 见证人签字、印章： 　　　　　　　　　　　　　　　　　　　　　　　　　　年 月 日			
备注			

223

混凝土浇筑检验报审表

工程名称：　　　　　　　　　　　　　　　　　　　　编号：

致：＿＿＿＿＿＿＿＿＿＿＿＿＿＿＿＿(项目监理机构)：
　　我方计划于＿＿年＿＿月＿＿日＿＿时浇筑＿＿＿＿＿＿＿部位结构混凝土。设计强度等级为C＿＿＿，施工强度等级为C＿＿＿，计划浇筑量为＿＿＿m³。混凝土浇筑前的各项准备工作经自查全部符合要求，请项目监理机构审查检验，并实施旁站监理。

混凝土浇筑前准备工作	承包项目部自查	项目监理机构审查
钢筋隐蔽检验批验收	符合要求□	符合要求□/不符合要求□
模板安装检验批验收	符合要求□	符合要求□/不符合要求□
电路埋管隐蔽验收	符合要求□	符合要求□/不符合要求□
暖通水卫预留预埋检查	符合要求□	符合要求□/不符合要求□
预拌混凝土厂家考察	符合要求□	符合要求□/不符合要求□
施工计量器具准备	符合要求□	符合要求□/不符合要求□
混凝土养护措施准备	符合要求□	符合要求□/不符合要求□

承包项目部(盖章)
项目负责人(签字)
年　月　日

专业监理工程师审核意见：
　　□报审表格填写不符合要求，现予退回。请重新填表报审。
　　□混凝土浇筑前的准备工作不符合要求，请按审查附件要求完善后再行填表报审。
　　□混凝土浇筑前的准备工作符合要求，同意按计划浇筑混凝土。项目监理机构指派监理人员＿＿＿＿＿＿＿实施旁站监理。
　　□审查附件：＿＿＿＿＿＿＿号监理通知单。

项目监理机构(盖章)
专业监理工程师(签字)
年　月　日

签收	项目监理机构： 日期：年　月　日	承包项目部： 日期：年　月　日

注：本表一式两份，项目监理机构、承包项目部各一份。

监理抽检记录

工程名称： 　　　　　　　　　　　　　　　　　　　　　　　　编号：

工程名称		抽检日期	
承包单位		监理单位	

检查项目：

检查部位：

检查数量：

检查结果：

处理意见：

项目监理机构（盖章）
专业监理工程师（签字）
总监理工程师（签字）
　　　　年　月　日

施工试验见证取样汇总表

工程名称：　　　　　　　　　材料名称：　　　　　　　　编号：

序号	产地、型号	进场数量	进场时间取样时间	代表批量	使用单位	委托单编号	检测报告编号	检测结果	不合格材料处理意见	取样员	见证员

工程款支付报审表

工程名称：_____   编号：_____

致：_____(项目监理机构)：
　　我方已完成了报审附件《工程量清单》中的工作，按照合同约定，建设单位应在___年___月___日前支付该项工作的工程款，金额(大写)_____元，请审核。
　　报审附件：□工程量清单(____页)
　　　　　　　□工程款结算材料(____页)

　　　　　　　　　　　　　　　　　　　　　　承包项目部(盖章)
　　　　　　　　　　　　　　　　　　　　　　项目负责人(签字)

　　　　　　　　　　　　　　　　　　　　　　　　　年　月　日

总监理工程师审核意见：
　　□报审表格填写不符合要求，现予退回。请重新填表报审。
　　□不符合支付条件，详见审核附件，工程款支付报审不予同意。
　　□工程量与实体不符，请按审核附件要求修正后再行填表报审。
　　□结算方法有误，请按审核附件要求重新计算后再行填表报审。
　　□根据约定，建设单位应向承包单位支付工程款，经监理核定，款额为：(大写)_____元。请建设单位签署意见。
　　□审核附件：_____号监理通知单。

　　　　　　　　　　　　　　　　　　　　　　项目监理机构(盖章)
　　　　　　　　　　　　　　　　　　　　　　总监理工程师(签字、加盖执业印章)

　　　　　　　　　　　　　　　　　　　　　　　　　年　月　日

建设单位意见：

　　　　　　　　　　　　　　　　　　　　　　建设单位代表(签字)

　　　　　　　　　　　　　　　　　　　　　　　　　年　月　日

签收	项目监理机构： 日期：	建设单位： 日期：	承包项目部： 日期：

　　注：本表一式三份。项目监理机构、建设单位、承包项目部各一份。

工程款支付证书

工程名称：_____　　　　　　　　　　　　编号：_____

致：_____（承包项目部）：

　　根据施工合同约定，经审核编号为_____工程款支付报审表，扣除有关款项后，同意支付工程款共计（大写）_____元。

其中：
1. 承包项目部申报款为：
2. 经审核承包单位应得款为：
3. 本期应扣款为：
4. 本期应付款为：

附件：《工程款支付申报表》

项目监理机构（盖章）
专业监理工程师（签字、加盖执业章）

年　月　日

签收	建设单位： 日期：　年　月　日	承包项目部： 日期：　年　月　日

注：本表一式三份，项目监理机构、建设单位、承包项目部各一份。

工程分包单位资格报审表

工程名称：　　　　　　　　　　　　　　　　　　　　　编号：

致：_____(项目监理机构)：
　　我方拟选择_____(分包单位)承担本工程分包业务。经我方考察,该单位具备相应的资质和能力。分包合同生效后,我方仍负责承担相应的总包责任。请对分包单位的资格进行审核。
　　报审附件：□所选单位资质证书
　　　　　　　□所选单位营业执照
　　　　　　　□安全生产许可证
　　　　　　　□企业业绩证明材料

承包项目部(盖章)
项目负责人(签字)

年　月　日

总监理工程师审核意见：
　　□报审表格填写不符合要求,现予退回。请重新填表报审。
　　□报审附件不符合要求,现予退回。请按审核附件要求完善后再行填表报审。
　　□所选单位不具备相应资格(详见审核附件)。请重新选择后再行填表报审。
　　□所选单位具备相应资格,同意该单位承担_____分包业务。请建设单位签署意见。分包合同签订后,请承包单位将分包合同报项目监理机构。
　　□审核附件：_____号监理通知单。

项目监理机构(盖章)
总监理工程师(签字)

年　月　日

建设单位意见：

建设单位代表(签字)

年　月　日

签收	项目监理机构： 日期：	建设单位： 日期：	承包项目部： 日期：

注：本表一式三份。项目监理机构、建设单位、承包项目部各一份。

工程变更报审表

工程名称：_____   编号：_____

致：_____(项目监理机构)：
　　基于_____原因，兹提出_____工程变更，请审查。
　　报审附件：□变更内容(____页)

变更提出单位(盖章)
负责人(签字)

年　月　日

总监理工程师审核意见：
　　□报审表格填写不符合要求，现予退回。请重新填表报审。
　　□变更理由欠充分，不同意变更。
　　□变更工程无实施可能，不同意变更。
　　□同意变更，按协调一致意见处理。

项目监理机构(盖章)
总监理工程师(签字)

年　月　日

协调一致意见：
　　□请建设单位安排设计单位提供设计变更文件。
　　□取得设计变更文件后，请承包单位编制工程变更施工方案报审。
　　□无需编制施工方案。

建设单位(盖章)	项目监理机构(盖章)	承包项目部(盖章)
建设单位代表(签字)	总监理工程师(签字)	项目负责人(签字)
年　月　日	年　月　日	年　月　日

注：1. 本表一式三份；
　　2. 同意变更，项目监理机构、建设单位、承包项目部各一份；
　　3. 不同意变更，项目监理机构一份、其余退变更提出单位。

工程临时/最终延期报审表

工程名称：＿＿＿＿＿＿＿＿＿＿＿＿＿＿＿＿＿　　　　编号：

致：＿＿＿＿＿＿＿＿＿＿＿＿＿＿＿＿＿（项目监理机构）

根据施工合同＿＿＿＿＿＿＿＿＿＿＿＿（条款）的规定，由于＿＿＿＿＿＿＿＿＿＿＿＿原因，我方申请工程临时/最终延期＿＿＿＿＿＿＿＿＿＿＿＿（日历天），请予批准。

附件：1. 工程延期依据及工期计算
　　　2. 证明材料

施工项目经理部（盖章）
项目经理（签字）

年　月　日

总监理工程师审核意见：

□同意工程临时/最终延期＿＿＿（日历天）。工程竣工日期从施工合同约定的＿＿＿年＿＿＿月＿＿＿日延迟到＿＿＿年＿＿＿月＿＿＿日。

□不同意延期，请按约定竣工日期组织施工。

项目监理机构（盖章）
总监理工程师（签字、加盖执业印章）

年　月　日

建设单位审批意见：

建设单位（盖章）
建设单位代表（签字）

年　月　日

注：本表一式三份。项目监理机构、建设单位、承包项目部各一份。

索赔意向通知书

工程名称：_____　　　　　　　　　　编号：_____

致：_____（项目监理机构）

　　根据施工合同_____（条款）的规定，由于发生了_____事件，且非我方原责任。故我方向_____（单位）提出索赔要求。

　　附件：□费用索赔事件材料（____页）
　　　　　□工期索赔事件材料（____页）

　　　　　　　　　　　　　　　　　　　　　　　　　索赔方（盖章）
　　　　　　　　　　　　　　　　　　　　　　　　　负责人（签字）

　　　　　　　　　　　　　　　　　　　　　　　　　　　　年　月　日

总监理工程师审核意见：
　□索赔主张在合同约定时限之内，监理向被索赔方转达索赔意向。
　□索赔主张超过合同约定时限，已丧失索赔权利。

　　　　　　　　　　　　　　　　　　　　　　　　　项目监理机构（盖章）
　　　　　　　　　　　　　　　　　　　　　　　　　总监理工程师（签字、加盖执业印章）

　　　　　　　　　　　　　　　　　　　　　　　　　　　　年　月　日

签收	项目监理机构： 日期：	建设单位： 日期：	承包项目部： 日期：

注：本表一式三份。项目监理机构、建设单位、承包项目部各一份。

费用索赔报审表

工程名称：_____ 编号：_____

致：_____（项目监理机构）
　　根据施工合同_____（条款）的规定，由于发生了_____原因，我方提出临时/最终索赔金额（大写）_____元。请审核。
　　附件：□费用索赔报告（____页）

承包项目部（盖章）
项目负责人（签字）

年　月　日

监理工程师审核意见：
　　□报审表格填写不符合要求，现予退回。请重新填表报审。
　　□费用索赔理由不充分，详见审核附件，索赔要求不予通过。
　　□金额计算有误，请按审核附件要求在计算准确后再行填表报审。
　　□同意临时/最终索赔要求，金额为（大写）_____元。
　　□审核附件：_____号监理通知单。

项目监理机构（盖章）
总监理工程师（签字、加盖执业印章）

年　月　日

建设单位意见：

建设单位代表（签字）

年　月　日

签收	项目监理机构： 日期：	建设单位： 日期：	承包项目部： 日期：

注：本表一式三份。项目监理机构、建设单位、承包项目部各一份。

参考文献

[1] 刘亚臣，赵亮. 建设工程资料管理 [M]. 北京：化学工业出版社. 2020.

[2] 李建华，丁斌. 建设工程资料管理 [M]. 北京：化学工业出版社. 2022.

[3] 经丽梅. 工程资料管理 [M]. 北京：中国建筑工业出版社. 2018.

[4] 中华人民共和国住房和城乡建设部. GB/T 50328—2014：建设工程文件归档规范（2019年版）[S]. 北京：中国建筑工业出版社. 2014.

[5] 天津市住房和城乡建设委. DB/T 29—209—2020：天津市建筑工程施工质量验收资料管理规程 [S]. 北京：中国建材工业出版社. 2020.

[6] 中华人民共和国住房和城乡建设部. GB 55032—2022：建筑与市政工程施工质量控制通用规范 [S]. 北京：中国建筑工业出版社. 2022.

[7] 天津市住房和城乡建设委. DB/T 29—265—2019：天津市市政基础设施工程资料管理规程 [S]. 北京：中国建材工业出版社. 2019.

[8] 中华人民共和国住房和城乡建设部. GB 50300—2013：建筑工程施工质量验收统一标准 [S]. 北京：中国建筑工业出版社. 2013.

[9] 中华人民共和国住房和城乡建设部. JGJ/T 185—2009：建筑工程资料管理规程 [S]. 北京：中国建筑工业出版社. 2009.

[10] 中华人民共和国住房和城乡建设部. CJJ/T 117—2017：建设电子文件与电子档案管理规范 [S]. 北京：中国建筑工业出版社. 2017.